CIDADANIA SEXUAL E LAICIDADE

Um estudo sobre a influência religiosa no Poder Judiciário do Rio Grande do Sul

L868c Lorea, Roberto Arriada
Cidadania sexual e laicidade: um estudo sobre a influência religiosa no Poder Judiciário do Rio Grande do Sul / Roberto Arriada Lorea, Daniela Riva Knauth. – Porto Alegre: Livraria do Advogado Editora, 2010.
172 p.; 23 cm.
ISBN 978-85-7348-675-9

1. Liberdade religiosa: Poder judiciário. I. Knauth, Daniela Riva. II. Título.

CDU – 342.731

Índice para catálogo sistemático:
Liberdade religiosa: Poder judiciário   342.731

(Bibliotecária responsável: Marta Roberto, CRB-10/652)

Roberto Arriada Lorea
Daniela Riva Knauth

CIDADANIA SEXUAL E LAICIDADE

Um estudo sobre a influência religiosa no Poder Judiciário do Rio Grande do Sul

livraria
DO ADVOGADO
editora

Porto Alegre, 2010

©
Roberto Arriada Lorea
Daniela Riva Knauth
2010

Capa, projeto gráfico e diagramação
Livraria do Advogado Editora

Revisão
Rosane Marques Borba

Direitos desta edição reservados por
Livraria do Advogado Editora Ltda.
Rua Riachuelo, 1338
90010-273 Porto Alegre RS
Fone/fax: 0800-51-7522
editora@livrariadoadvogado.com.br
www.doadvogado.com.br

Impresso no Brasil / Printed in Brazil

À magistratura gaúcha

Agradecimentos

Esse trabalho foi realizado no âmbito do Núcleo de Pesquisa em Antropologia do Corpo e da Saúde, da Universidade Federal do Rio Grande do Sul (NUPACS/UFRGS), em parceria com a Comissão de Cidadania e Reprodução, do Centro Brasileiro de Análise e Planejamento (CCR/CEBRAP), como projeto de pesquisa fomentado pelo Programa de Saúde Reprodutiva (PROSARE), financiado pela Fundação MacArthur.

A pesquisa resultou na tese de doutorado apresentada ao Programa de Pós-Graduação em Antropologia Social, da Universidade Federal do Rio Grande do Sul – UFRGS.

A todos os envolvidos no âmbito das instituições referidas, fica o registro do agradecimento dos autores.

Ainda, cabe mencionar algumas pessoas cuja contribuição pessoal, sob variadas formas, foi incorporada ao longo desse estudo: Tânia Lago, José Fraga Fachel, Eugênio Terra, Margareth Arilha, Denise Cezar, Antônio Otilia, Ceres Víctora, Marion Pegoraro, Petina Lima, Vilma Forlin, Fernanda Ponche, Ondina Leal, Fernando Seffner, Elizabeth Zambrano e Andrea Fachel Leal.

Lista de abreviaturas e siglas

ABGLT	Associação Brasileira de *Gays*, Lésbicas e Transgêneros
CC	Código Civil
CCJ	Comissão de Constituição e Justiça da Câmara dos Deputados
CF	Constituição Federal
CNBB	Conferência Nacional dos Bispos do Brasil
CNJ	Conselho Nacional de Justiça
GLBTT	*Gays*, lésbicas, bissexuais, transexuais e transgêneros.
LGBT	Lésbicas, *gays*, bissexuais e trans (transgêneros, travestis e transexuais)
STF	Supremo Tribunal Federal
STJ	Superior Tribunal de Justiça
TJRS	Tribunal de Justiça do Rio Grande do Sul
TSE	Tribunal Superior Eleitoral
UFRGS	Universidade Federal do Rio Grande do Sul

Sumário

Introdução 13
1. A questão metodológica 19
   1.1. O trabalho de campo 19
      1.1.1. Um magistrado objeto da própria pesquisa – a questão ética 20
      1.1.2. O recorte do objeto frente às possibilidades do tema 23
      1.1.3. A coleta dos dados 28
2. As tensões entre crença e direito 33
   2.1. Ciência e religião 33
      2.1.1. Laicidade na teoria 35
      2.1.2. O Estado entre a ciência e a religião 39
   2.2. Brasil – um país laico (graças a Deus) 43
      2.2.1. Sobre casamento e religião 44
      2.2.2. A secularização do casamento no Brasil 45
   2.3. O debate sobre a conjugalidade *gay* 51
      2.3.1. Cidadania sexual 55
      2.3.2. A legitimação do casal *gay* 58
   2.4. A oposição religiosa às uniões *gays* 61
      2.4.1. Direito Natural – a natureza contra natura 61
      2.4.2. A doutrina homofóbica do Papa Ratzinger 64
      2.4.3. A homofobia religiosa no Brasil 68
3. O pioneirismo do TJRS 73
   3.1. Um Judiciário de vanguarda 73
      3.1.1. Os Direitos Sexuais na pauta do Judiciário 82
      3.1.2. Quem pode julgar os homossexuais? 87
      3.1.3. O paraíso do Direito de Família 92
   3.2. Magistratura e Laicidade 96
      3.2.1. A posição minoritária na jurisprudência do TJRS 96
      3.2.2. Dogmas religiosos impostos pelo Estado-juiz? 97

  3.2.3. Casar para procriar 108
  3.2.4. O discurso jurídico-religioso homofóbico 115
4. Como pensam os magistrados 127
 4.1. Religiosidades 128
  4.1.1. Pertencimento religioso 128
  4.1.2. Justiça e moral religiosa 132
 4.2. Concepções de família 136
  4.2.1. Casais gays 137
  4.2.2. Problematizando o discurso "legalista" 139
  4.2.3. Laicidade na prática 147
5. Considerações finais 155
Referências bibliográficas 159

Anexos
 Termo de Consentimento Informado 169
 Roteiro de Entrevistas 171

Introdução

Estudar a visão dos magistrados sobre questões ligadas à sexualidade e à laicidade pode contribuir para que se compreendam os avanços e retrocessos envolvidos na luta pela conquista de uma plena cidadania sexual no contexto de um Estado laico. Essa questão acaba reforçada em países como o Brasil, nos quais a população está à mercê do Judiciário para assegurar efetividade a direitos estabelecidos na Constituição Federal.

Esses princípios constitucionalmente assegurados, como o direito à não discriminação e à igual liberdade de todos perante a lei, têm sua eficácia reduzida pela omissão do Legislativo em aprovar leis que concretizem as diretrizes apontadas pelo legislador constituinte de 1988, diretrizes que apontam para a integral proteção da dignidade da pessoa como base de nosso ordenamento jurídico.

Autores como Dworkin chamam atenção para o poder dos juízes, destacando o fato de que, em última instância, não é o Poder Legislativo, mas o Poder Judiciário que decidirá as questões de grande impacto para toda a sociedade, razão pela qual, segundo o mesmo:

> É importante o modo como os juízes decidem os casos. A diferença entre dignidade e ruína pode depender de um simples argumento que talvez não fosse tão poderoso aos olhos de outro juiz, ou o mesmo juiz no dia seguinte. As pessoas freqüentemente se vêem na iminência de ganhar ou perder muito mais em decorrência de um aceno de cabeça do juiz do que de qualquer norma geral que provenha do legislativo (Dworkin, 1999:03).

Referindo-se ao contexto norte-americano, Dworkin cita como exemplo a decisão da Suprema Corte, a qual tornara ilegais as escolas públicas segregadas. Tomando-se o caso brasileiro, pode-se colher exemplo recente quando o Supremo Tribunal Federal (em maio de 2008) decidiu que as pesquisas com células-tronco embrionárias não violam o direito à vida, nos moldes em que está assegurado no artigo 5º da Constituição Federal.

São julgamentos que moldam a nossa sociedade em termos legais, revelando a magnitude do impacto que as decisões do Poder Judiciário podem causar na sociedade, inclusive forjando mudanças culturais.

No caso das pesquisas com células-tronco embrionárias, a decisão do STF tem forte repercussão no tema dos Direitos Sexuais, na medida em que afastou a tese, sustentada pelo Procurador-Geral da República, de que a Constituição protege a vida desde a concepção. Portanto, também para temas como a interrupção da gravidez por anencefalia, e mesmo para casos de aborto, estabeleceu-se um novo paradigma quanto ao tema da proteção jurídica da vida humana.

Como o Supremo Tribunal Federal é o órgão da Justiça que dará a última palavra em temas constitucionais, torna-se especialmente relevante a sua composição, cujos cargos não são preenchidos por concurso público, mas por indicação do Presidente da República, mediante aprovação do Senado Federal.

A respeito desse modelo, similar ao norte-americano, é possível citar um breve trecho da inquirição de Robert Bork, o qual havia sido indicado pelo Presidente dos Estados Unidos para integrar a Suprema Corte daquele país. Durante a inquirição, o senador Edward Kennedy assim se manifestou:

> A América de Robert Bork é uma terra na qual as mulheres deveriam ser forçadas a recuar na questão do aborto, a polícia poderia pôr abaixo a porta das casas dos cidadãos durante rondas noturnas, nas escolas primárias as crianças não poderiam ser ensinadas sobre evolucionismo, escritores e artistas poderiam ser censurados por agentes do Governo, e as portas dos Tribunais poderiam ser fechadas nos dedos das milhares de pessoas para as quais o Judiciário é o único protetor dos direitos individuais, que são o coração da nossa democracia. A América é melhor e mais livre do que Robert Bork pensa. O dano que o Presidente Reagan fará através dessa nomeação, se a mesma não for rejeitada pelo Senado, irá permanecer muito além do término do seu mandato presidencial (Crapanzano, 2000: 200).[1]

Essa reação de um senador à indicação de um jurista para ministro da mais alta corte do país parece não encontrar paralelo no Brasil, quando da avaliação realizada pelo nosso Senado Federal. Contudo, isso não significa que eventuais indicações não possam

---
[1] As citações em português de textos escritos em outras línguas foram traduzidas livremente pelo próprio pesquisador.

também ser alvo de críticas, como foi a manifestação do conceituado jurista Dalmo Dallari, por ocasião da notícia (em 2002) em relação ao fato de que o Presidente Fernando Henrique iria nomear Gilmar Mendes para o Supremo Tribunal Federal. Naquela oportunidade, Dallari assim se expressou:

> Se essa indicação vier a ser aprovada pelo Senado, não há exagero em afirmar que estarão correndo sério risco a proteção dos direitos no Brasil, o combate à corrupção e a própria normalidade constitucional. Por isso, é necessário chamar a atenção para alguns fatos graves, a fim de que o povo e a imprensa fiquem vigilantes e exijam das autoridades o cumprimento rigoroso e honesto de suas atribuições constitucionais, com a firmeza e transparência indispensáveis num sistema democrático. [...] A comunidade jurídica sabe quem é o indicado e não pode assistir calada e submissa à consumação dessa escolha notoriamente inadequada, contribuindo, com sua omissão, para que a argüição pública do candidato pelo Senado, prevista no artigo 52 da Constituição, seja apenas uma simulação ou "ação entre amigos". É assim que se degradam as instituições e se corrompem os fundamentos da ordem constitucional democrática (Dallari, 2002).

Cumpre observar que, no exemplo norte-americano, a indicação foi rejeitada pelo Senado, enquanto no caso brasileiro, manteve-se a indicação, e hoje Gilmar Mendes é o Presidente do Supremo Tribunal Federal.

Ainda sobre a composição da mais alta Corte de Justiça do país, poder-se-á mencionar que a mais recente (em 2007) indicação, Ministro Menezes Direito, conforme noticiado no jornal Estado de São Paulo, contou com o apoio do núncio apostólico, representante do Vaticano no Brasil, Lorenzo Baldisseri[2]. Reconhecido como católico fervoroso, Menezes Direito, também segundo a imprensa[3], enquanto esteve no Superior Tribunal de Justiça, esforçou-se – sem êxito – para ornamentar o plenário daquela Corte com um crucifixo, a exemplo do que acontece no Supremo Tribunal Federal.[4]

---

[2] Disponível em http://www.estadao.com.br/estadaodehoje/20080305/not_imp134966,0.php Acesso em setembro de 2008.

[3] Disponível em http://www.conjur.com.br/static/text/59449,1 Acesso em setembro de 2008.

[4] No ano de 2005, submeti uma tese ao Congresso Estadual da Magistratura do RS, na qual defendia que fosse aprovada uma moção para a retirada dos símbolos religiosos dos Tribunais brasileiros. Em acirrada decisão, após três votações, a tese foi derrotada por diferença de um voto. O tema alcançou enorme repercussão nacional. Naquela oportunidade, fui convidado a escrever um artigo para o jornal Folha de São Paulo, no qual sustentei a tese da inconstitucionalidade da ornamentação de prédios públicos com símbolos religiosos.

É compreensível que a composição do Supremo Tribunal Federal desperte o maior interesse, o que não afasta a relevância de compreendermos como se comportam os demais juízes, cujas decisões vão construir a jurisprudência que um dia, talvez, seja enfrentada também nos Tribunais Superiores. O presente estudo se propõe a questionar como pensam os magistrados, independentemente da jurisdição que estejam exercendo, podendo, por isso mesmo, contribuir para uma reflexão sobre como atuam os magistrados dos Tribunais Superiores.

No presente estudo, em que foram entrevistados magistrados de primeiro e segundo graus do Poder Judiciário do Rio Grande do Sul, buscou-se investigar a trajetória pessoal dos entrevistados e mapear suas noções sobre questões ligadas a Direitos Sexuais. As entrevistas também visaram a dimensionar a trajetória religiosa dos entrevistados, além da presença de concepções religiosas nas decisões judiciais.

O conjunto das entrevistas realizadas ao longo da pesquisa oportunizou uma aproximação ao modo de pensar dos magistrados cuja atuação jurisdicional está relacionada com o tema da cidadania sexual. Seja porque decidiram sobre a questão da possibilidade de reconhecimento das uniões *gays*,[5] tanto no âmbito jurisdicional quanto administrativo, seja em razão de decidirem acerca da possibilidade de adoção por casais *gays*.

Espera-se que este trabalho possa contribuir para o debate sobre a laicidade do Poder Judiciário e as razões que retardam a

---

[5] No Rio Grande do Sul, a Desembargadora Maria Berenice Dias cunhou a expressão "uniões homoafetivas", cujo uso se disseminou por todo território nacional e até mesmo no exterior. Já o Desembargador Teixeira Giorgis preferiu empregar a expressão "uniões homoeróticas" para se referir às uniões homossexuais. Não obstante as críticas que têm recebido, pela imprecisão linguística, "uniões homossexuais" ainda é a expressão mais comumente empregada no contexto latino-americano. As expressões "casamento entre pessoas do mesmo sexo" e "casamento *gay*", bastante difundidas no contexto norte-americano, são menos utilizadas entre nós. Pode-se arriscar a hipótese de que isso se dê, possivelmente, pela alusão expressa ao instituto do casamento (praticamente a única forma de legitimação legal das uniões nos EUA), dissociando-se da figura jurídica da união estável, instituição com a qual tem sido identificada a questão das uniões homossexuais no Brasil, em analogia à qual se construiu a jurisprudência do TJRS. Por outro lado, a Lei estadual (RS) nº 11.872/2002 utiliza a expressão "relações afetivo-sexuais" para se referir aos relacionamentos, independentemente da orientação sexual dos participantes. Pessoalmente, costumo utilizar a expressão "casamento *gay*". Contudo, dada a especificidade do objeto de estudo sob enfrentamento, a expressão induziria à confusão entre o casamento e a união estável, razão pela qual utilizo a expressão "união *gay*".

implementação da cidadania sexual no Brasil, uma vez que a presente investigação, focada no Rio Grande do Sul, sugere que seria proveitoso reproduzir essa linha de investigação para outros temas ligados aos Direitos Sexuais, buscando analisar as razões de decidir dos juízes em diferentes contextos, para verificar se as mesmas estão informadas por dogmas religiosos.

1. A QUESTÃO METODOLÓGICA

1.1. O trabalho de campo

Investigar a influência dos valores religiosos nas decisões de governantes, legisladores e magistrados seria o objeto desejável a uma pesquisa que visa a enfrentar o tema da laicidade no Estado brasileiro. Todavia, um estudo tão abrangente não seria possível realizar no prazo delimitado para a pesquisa a que corresponde essa obra, haja vista o tempo disponível para o trabalho de campo e pertinente reflexão acerca de um vasto objeto de estudo.

Por tais razões, restringiu-se o estudo à influência religiosa no Poder Judiciário, no que se refere ao enfrentamento das questões envolvendo as uniões entre pessoas do mesmo sexo.

Neste capítulo, serão examinados tópicos relativos às questões metodológicas encontradas na fase inicial da pesquisa. Primeiramente, foi elaborada a questão da inserção no trabalho de campo, tendo em vista a posição do pesquisador, um juiz de direito inserido numa pesquisa cujo objeto será a produção intelectual de seus colegas de magistratura e, mais especificamente, colegas de atuação numa mesma área do Direito, qual seja, o Direito de Família. As vantagens e desvantagens dessa identidade juiz-antropólogo estão concentradas nesse tópico, bem como as questões éticas desse envolvimento e da pesquisa como um todo.

Num segundo momento, serão expostos os motivos pelos quais o tema sofreu o recorte escolhido, dentre tantos possíveis na seara dos Direitos Sexuais. Por fim, no último tópico deste capítulo, será abordada a questão da eleição dos dados que seriam coletados e analisados, além da suficiência dos mesmos à luz de uma proposta de estudo pensada como uma pesquisa qualitativa sobre o Poder Judiciário.

1.1.1. Um magistrado objeto da própria pesquisa – a questão ética

Sendo o pesquisador um magistrado, torna-se inevitável essa (con)fusão, antropólogo/magistrado (pesquisador/objeto). Em razão disso, o desenvolvimento da pesquisa sofre ganhos e possíveis perdas, haja vista por um lado a facilidade de inserção no campo jurídico e, por outro, a eventualidade de certo constrangimento no curso das entrevistas, tanto do pesquisador quanto do pesquisado, no enfrentamento de questões que possam suscitar desacordo acerca da melhor interpretação jurídica de uma determinada norma legal ou princípio jurídico.

Tais dificuldades, entretanto, conforme o que se verificou durante o trabalho de campo da pesquisa de mestrado, não se constituíram em obstáculo à realização da pesquisa nos moldes em que foi idealizada[6]. Pelo contrário, revelou-se a condição de magistrado uma grande ferramenta tanto para o efeito de agilizar a inserção no campo quanto para facilitar o manuseio dos dados, em face da predominância de linguagem técnica, própria do campo jurídico.

Um outro ponto que deve ser tratado nesse momento diz respeito ao fato de que o pesquisador, além de magistrado, tem atuação nessa área específica do Direito, justamente no Rio Grande do Sul. Desse modo, em alguma medida, integra o conjunto de decisões passíveis de serem abordadas enquanto objeto de estudo. Exemplo disso é a decisão prolatada, como juiz da 2ª Vara de Família, em fevereiro de 2005, cujo ineditismo da argumentação utilizada para reconhecer juridicamente a existência de um casal *gay* alcançou repercussão nos *sites* especializados de diversos países.

A partir de então, seja através de palestras, escritos para jornais, entrevistas para rádio e televisão, participação em programas de debates, artigos em livros e revistas acadêmicas ou técnicas, bem como na própria atuação enquanto juiz de uma Vara de Família, meu nome adquiriu visibilidade no tema das uniões *gays*.

Essa visibilidade fica evidenciada, por exemplo, pelo fato de o pesquisador receber o prêmio "Cidadania em Respeito à Diversidade – Categoria Direitos Humanos", oferecido pela organização

---

[6] Oportunidade em que trabalhei com o tema do Tribunal do Júri, tendo feito trabalho de campo no Foro Central de Porto Alegre. A dissertação "Os jurados leigos – uma antropologia do Tribunal do Júri", sob a orientação de Cláudia Fonseca, foi defendida em 2003. Nesse trabalho, foi enfrentada a questão da inserção no campo em face da condição profissional do pesquisador.

da Parada *Gay* de São Paulo no ano de 2008. Outro exemplo dessa notória atuação na área dos Direitos Sexuais é o fato de que as únicas duas sentenças proferidas no Rio Grande do Sul, concedendo a adoção para casais *gays* façam referência a artigos ou entrevistas com o pesquisador.

Nessa perspectiva, tais exemplos evidenciam que os entrevistados têm conhecimento do protagonismo ativista-acadêmico do pesquisador. No entanto, do ponto de vista metodológico, parece-me que essa particularidade não comprometeu uma adequada coleta de dados, tendo sido descartada a análise dessas decisões (prolatadas pelo pesquisador), haja vista que não chegam a ser significativas do ponto de vista da pesquisa, porquanto no ano de 2005 a jurisprudência acerca do reconhecimento das uniões *gays* já estava consolidada no âmbito do TJRS.

Todavia, esse pertencimento (magistrado-ativista) guarda pelo menos outras duas implicações quanto ao trabalho de pesquisa. Impõe uma dificuldade no que diz respeito ao necessário distanciamento do tema, num afastamento do olhar jurídico para o olhar antropológico. Afastamento que não elimina a necessidade de o pesquisador, na condição de antropólogo, transitar pelo campo jurídico a fim de se (re)apropriar do seu conhecimento sobre procedimentos, trâmites, *nuances* de linguagem do "juridiquês", dispositivos legais e teses doutrinárias, sem o que não poderia haver o adequado enfrentamento das complexas questões jurídicas aqui enfrentadas na perspectiva do saber antropológico.

Como segundo desafio ao pesquisador, o trabalho de pesquisa impôs o abandono da postura ativista relativamente ao tema das uniões *gays*, em favor de uma análise dos dados à luz dos referenciais teóricos adotados. No intuito de tentar superar tal dificuldade, buscou-se separar a abordagem das questões técnico-jurídicas – as quais necessariamente estiveram presentes por ocasião da análise dos documentos, para que pudessem ser apreendidas as questões de direito envolvidas nos debates – da apreciação dos dados coletados através das entrevistas, momento para o qual se reservou a análise dos dados à luz dos referenciais teóricos próprios à natureza de um estudo antropológico.

A participação dos entrevistados ocorre através de autorização por meio do uso de consentimento informado, conforme modelo anexado ao final. Foi assegurada a confidencialidade dos entrevistados, o mesmo se aplicando às partes envolvidas nos processos cujas decisões foram analisadas. Também a aprovação da pesquisa no Comitê de Ética da UFRGS foi providência destinada ao cumprimento das exigências éticas inerentes ao trabalho acadêmico.

As entrevistas com os magistrados foram, aprioristicamente, divididas em duas categorias: magistrados que julgaram ações envolvendo o reconhecimento de uniões *gays* e magistrados que trataram o tema em alguma outra circunstância.

A primeira está constituída de um conjunto de entrevistas cuja finalidade foi colher a posição jurídica acerca do tema da pesquisa, buscando identificar a sua postura, numa perspectiva que contemple a trajetória pessoal e profissional acerca das uniões *gays*.

É importante observar que a existência de decisões judiciais já conhecidas oportuniza que se identifique a posição jurídica do magistrado, que é pública porquanto publicada. Assim, a entrevista teve o objetivo de coletar dados a respeito de outras motivações possíveis de serem acessadas, as quais não se encontrem explicitadas nas decisões. Nesse sentido, optou-se por formular um roteiro de entrevista mínimo, com perguntas acerca da própria trajetória religiosa do entrevistado, desde a ocorrência de práticas religiosas na infância, até chegar à sua condição religiosa atual e convicções sobre questões que envolvam o enfrentamento de Direitos Sexuais, confrontando alguns dogmas religiosos.

Em relação à escolha dos potenciais entrevistados, foram focados aqueles cuja atuação esteja (ou esteve) diretamente ligada a demandas por Direitos Sexuais e, dentre esses, os que tenham se destacado no enfrentamento dessas questões, independentemente de se posicionarem contra ou a favor das teses jurídicas vinculadas às questões de cidadania sexual. É o caso de um voto (vencido) prolatado em 2005 por ocasião de um julgamento do IV Grupo Cível do Tribunal de Justiça do Rio Grande do Sul (vide capítulo 3). É uma decisão que praticamente define a posição majoritária do Tribunal em favor do reconhecimento das uniões *gays*. Porém, um dos votos vencidos nesse julgamento foi recentemente utilizado pelo Ministério Público como fundamento para se posicionar contrariamente ao deferimento de adoção de duas crianças a um casal de lésbicas.[7]

---

[7] Decisão que concedeu, por unanimidade, a primeira adoção a um casal de lésbicas no Brasil.

Nota-se que, embora tenha sido voto vencido por ocasião do julgamento em que prolatado, a fundamentação então utilizada continua circulando e sendo referida como base do parecer do Ministério Público, agora utilizada em um outro julgamento.

A segunda categoria de entrevistas diz respeito a magistrados cuja atuação, mesmo fora do âmbito da jurisdição[8], tenha repercutido na questão dos Direitos Sexuais. Exemplo disso é o caso de magistrados que atuaram diretamente na construção do Provimento nº 006/04, da Corregedoria-Geral do Tribunal de Justiça do RS. Esse provimento determina que os cartórios de registro civil são obrigados a registrar as uniões de duas pessoas do mesmo sexo quando concitados a fazê-lo.

A finalidade de tais entrevistas então, diferentemente do conjunto anterior, é buscar o conhecimento de fatos que não estão documentados, bem como descobrir de que forma se produziu a convicção necessária à confecção dos votos no curso dos julgamentos e as concepções aí embutidas, cuja aprovação resultou em uma verdadeira política pública gerada no âmbito do Poder Judiciário, inédita no país.

1.1.2. O recorte do objeto frente às possibilidades do tema

A escolha do Poder Judiciário do Rio Grande do Sul atende à peculiaridade de que a magistratura gaúcha tem sido reconhecida no plano nacional como vanguardista relativamente às questões que dizem respeito aos Direitos Sexuais e Direitos Reprodutivos. São um conjunto de decisões no enfrentamento de variadas questões ligadas aos Direitos Sexuais e também aos Direitos Reprodutivos, o que aponta a magistratura gaúcha como pioneira no reconhecimento desses direitos.

Seja autorizando a troca do nome a transexuais, ou em virtude da autorização da interrupção da gravidez resultante de violência sexual ou em casos de anomalia fetal incompatível com a vida, seja através do reconhecimento de uniões estáveis entre pessoas do mesmo sexo e, mais recentemente, deferindo adoções (pioneiras

---

[8] São magistrados chamados juízes-corregedores que estão afastados da função de julgar. São classificados na Corregedoria por escolha do Corregedor-Geral. A Administração do Tribunal tem gestões bienais, e o magistrado pode ficar na função administrativa pelo tempo máximo de quatro anos.

no país) de crianças para casais formados por pessoas do mesmo sexo, adquire visibilidade a solução dada pela magistratura do Rio Grande do Sul a uma diversificada demanda por cidadania sexual. A reflexão sobre todas essas questões, todavia, demandaria uma investigação cuja realização seria inviável no prazo da pesquisa.

Dessa forma, o presente estudo centrou-se no enfrentamento das questões ligadas a apenas um dos Direitos Sexuais: a união entre pessoas do mesmo sexo, oportunizando então o aprofundamento da investigação sem perder de vista a utilidade dessa reflexão a fim de pensar o conjunto de demandas que versam sobre outras espécies de Direitos Sexuais que têm sido submetidas ao Poder Judiciário.

Também a razão dessa escolha está amparada no fato de que a questão eleita – a influência de concepções religiosas no Judiciário – encerra uma complexidade capaz de ensejar importante reflexão, cuja generalização torna possível compreender o debate estabelecido sobre outras questões atinentes à cidadania sexual. Exemplo disso é a existência de alguns componentes bem definidos desse debate, os quais aparecem também no debate sobre os demais Direitos Sexuais e Direitos Reprodutivos, como o acesso ao serviço de aborto legal e a contracepção de emergência, além da defesa do Estado laico.

Examinando o conjunto de decisões produzidas no âmbito do Tribunal de Justiça do Rio Grande do Sul nas duas últimas décadas, constrói-se uma ideia das transformações ocorridas relativamente ao modo de enfrentar o tema da homossexualidade, identidade sexual e das uniões entre pessoas do mesmo sexo.

Em função de se tratar de uma pesquisa qualitativa, não havia a finalidade de examinar todas as decisões, até porque tal tarefa seria inviável em face da inacessibilidade dos dados. Portanto, esse ponto específico do trabalho limitar-se-á a examinar um conjunto de decisões cujo conteúdo permite mapear a trajetória percorrida desde as pioneiras decisões sobre a matéria da cidadania sexual até o momento atual.

No objetivo de uma maior compreensão do contexto estudado, convém esclarecer de que maneira se estabelece o fluxo das atividades nas Câmaras do Tribunal. Cada Câmara é composta por quatro desembargadores. Todavia, os julgamentos acontecem em reuniões semanais (chamadas sessões), nas quais atuam apenas três desembargadores, cujas decisões são tomadas através de votos individuais, podendo ser unânimes ou por maioria. Isso faz com que uma mesma Câmara tenha composições distintas, conforme a escala de atuação dos seus membros, o que pode determinar que, em algumas sessões, os resultados dos julgamentos (sobre uma mesma questão) possam ser diversos de outras sessões da mesma Câmara, em razão da alteração da composição.

Ao surgir uma causa cujo tema ainda não fora objeto de enfrentamento, os integrantes da Câmara, por ocasião do julgamento, estabelecem a jurisprudência dessa Câmara. Tal decisão, contudo, não tem efeito vinculante (não caracteriza um precedente que vinculasse futuras decisões) impossibilitando a certeza de que novos casos serão julgados no mesmo sentido. Assim, fica sempre aberta a possibilidade de que futuros julgamentos cuja matéria seja similar possam receber decisões distintas. Nesse sentido, aparece a tensão entre a necessidade de uma segurança jurídica – previsibilidade das decisões judiciais – e a necessidade de uma interpretação judicial das leis e dos fatos que seja constantemente atualizada e em conformidade ao contexto social.

Também é importante notar que algumas decisões pioneiras são adotadas por desembargadores cujos votos ficam vencidos nas sessões, não incidindo, portanto, a nova tese sobre o caso concreto em julgamento, porém se tornando – esse voto vencido – uma referência para futuros julgamentos. Muitas vezes, uma tese aparece como voto vencido, para depois conquistar novos adeptos, podendo chegar a ser uma tese vencedora em alguns julgamentos e, eventualmente, tornar-se uma posição unânime, e mesmo ser pacificada (não despertar mais controvérsia), dentro de uma Câmara, Grupo (conjunto de Câmaras) ou até de todo o Tribunal.

É preciso compreender que não se constitui em objetivo da pesquisa identificar todas as demandas envolvendo a questão das uniões *gays*. Isso seria inviável, já que esses dados não estão disponíveis em sua totalidade por diversas razões. Na medida em que há decisões contra as quais não é interposto recurso ao Tribunal, esses processos ficam na Comarca de origem e (por não serem julgados também no Tribunal) não ingressam no sistema de informações do 2º grau de jurisdição. Consequentemente, não são disponibilizados no sítio do mesmo. Apenas eventualmente, por meio da repercussão na mídia, torna-se possível acessar essas decisões.

Nesses casos em que não há recurso ao segundo grau, a criação intelectual do primeiro grau passa a ser – por si mesma – uma referência jurisprudencial. Os exemplos são numerosos, bastando que se mencione a recente sentença cujo ineditismo consistiu no deferimento de uma adoção a um casal de mulheres que estavam na lista de casais habilitados para adotar, decisão da qual não houve recurso.[9]

As ações de reconhecimento de união estável[10] entre pessoas do mesmo sexo têm encontrado receptividade na magistratura de primeiro grau, oportunizando decisões das quais não se recorrem, o que limita a participação do segundo grau a uma participação já não tão significativa, se comparada aos primeiros e rumorosos casos em que invariavelmente alguma das partes, ou o Ministério Público, ingressavam com recurso da decisão prolatada na Comarca de origem.

Há ainda uma outra categoria de decisões que dificilmente se torna pública: os processos em que não há conflito. Assim, por exemplo, quando um processo de inventário é ajuizado de comum acordo entre a mãe da pessoa que morreu e o companheiro (do falecido) sobrevivente, mesmo se tratando de uma união *gay*, não há a mesma repercussão existente em outras demandas em que o conflito de interesses está presente, revelando-se casual o conhecimento, por parte do pesquisador, acerca da existência de processos dessa espécie. É possível imaginar que, em muitos casos, dada a não repercussão, sequer se toma conhecimento da existência da demanda, não obstante verse sobre o tema da pesquisa.

Por outro lado, é preciso ponderar que existem decisões em diversas áreas do Direito que enfrentam a questão da homossexualidade (ainda que não necessariamente à luz do Direito de Família, que é o foco da pesquisa), como o direito ao visto de permanência no

---

[9] Sentença do juiz José Antônio Daltoé Cezar, da 2ª Vara da Infância e Juventude da Comarca de Porto Alegre (03/07/2006).

[10] Basicamente, a união estável (heterossexual) está regulada em dois dispositivos legais: o artigo 226, da CF, cujo § 3º estabelece que "Para efeito da proteção do Estado, é reconhecida a união estável entre o homem e a mulher como entidade familiar, devendo a lei facilitar sua conversão em casamento" e o § 4º afirma: "Entende-se, também, como entidade familiar a comunidade formada por qualquer dos pais e seus descendentes". No CC, o tema está regulamentado no artigo 1.723 dispõe: "É reconhecida como entidade familiar a união estável entre o homem e a mulher, configurada na convivência pública, contínua e duradoura e estabelecida com o objetivo de constituição de família".

Brasil em razão de união *gay*, impedimentos eleitorais decorrentes de relacionamento *gay* com governantes, e benefícios previdenciários decorrentes de uniões *gays*, apenas para citar alguns exemplos. Essa enorme variedade de demandas é também atendida por um sistema judicial complexo, o qual abrange a Justiça do Trabalho, Eleitoral, Militar e Comum (Federal e Estadual).

Para o objetivo da pesquisa, que é identificar a influência de valores religiosos nas decisões do Poder Judiciário gaúcho, o foco está direcionado justamente para as decisões da Justiça Estadual, que é a competente para a apreciação das causas cujo suporte jurídico é o Direito de Família.

Nesse sentido, mostra-se suficiente o conjunto de decisões acessado através dos meios elencados, nada indicando que o fato de algumas decisões não serem computadas possa de alguma maneira prejudicar a validade dos resultados alcançados. Ao contrário, as investigações levadas a efeito indicam que o conjunto de dados obtido pelos meios descritos oportuniza que se identifique a existência de um conjunto preponderante de argumentos prós e contras o reconhecimento jurídico das uniões gays, o qual é suficiente à verificação de eventual influência religiosa que esteja informando a postura dos magistrados.

Também sob a perspectiva da viabilidade, mostra-se adequado o recorte metodológico proposto, em virtude de que a distribuição dos processos no Poder Judiciário está diretamente ligada à matéria de direito envolvida na lide. Assim, as questões referentes às uniões *gays* ou adoção por casais *gays* estão vinculadas a apenas duas Câmaras do Tribunal: a 7ª e a 8ª Câmaras Cíveis. Isso acontece porque o Tribunal de Justiça do Rio Grande do Sul tem a peculiaridade de possuir Câmaras especializadas em matéria de Direito de Família, fazendo com que apenas oito desembargadores sejam responsáveis pelas decisões acerca da matéria.[11]

Sendo assim, torna-se vantajoso, para efeito de entrevistas, limitar a temática do estudo ao conteúdo cujo exame esteja afeto a um conjunto restrito de desembargadores, no plano da Justiça Estadual. Importante notar que, no plano da Justiça Federal, não há

---

[11] Essa especialização foi objeto de recente orientação do Conselho Nacional de Justiça (CNJ), o qual recomendou a todos os Tribunais Estaduais que adotem a especialização já vigente no Rio Grande do Sul, conforme proposta do Instituto Brasileiro de Direito de Família – IBDFAM.

o enfrentamento de matéria de Direito de Família, podendo ocorrer, por exemplo, que na esfera das questões ligadas à previdência social sejam prolatadas decisões – também pioneiras – que reconhecem direitos previdenciários decorrentes de uniões *gays*. Esse paralelo entre a Justiça Estadual do Rio Grande do Sul e a Justiça Federal sediada aqui no estado adquire relevância quando se trata de afastar a especialização das Câmaras de Família do TJRS como suficiente para explicar o pioneirismo do Tribunal gaúcho.

1.1.3. A coleta dos dados

Em termos de coleta de dados, a pesquisa privilegiou o uso de entrevista semiestruturada e a coleta de documentos. Nesse sentido, o estudo compreendeu duas etapas de investigação. Na primeira, são identificadas as decisões judiciais que apresentam relevância para a pesquisa em face de enfrentarem o tema das uniões *gays*. Na segunda, está contemplada a perspectiva dos magistrados, enquanto atores sociais implicados.

A coleta de documentos foi realizada através de uma variada gama de ferramentas, tais como sítios especializados em conteúdo jurídico, sobretudo o do Tribunal de Justiça do Rio Grande do Sul, cuja página na *web* disponibiliza praticamente todos os acórdãos, facilitando o mapeamento das decisões relativas às uniões *gays*. No conjunto de documentos, o mais recente é de 2007, enquanto o mais antigo data de 1991.

Para a realização do presente trabalho, foram eleitas algumas ferramentas principais, a começar pela busca de acórdãos no sítio do próprio Tribunal de Justiça, através de palavras relacionadas ao tema das uniões *gays*.

Nessa busca, foram propostas diversas entradas, merecendo destaque os termos *homossexual* (com 59 achados), *mesmo sexo* (36), *homossexuais* (26), *homoafetiva* (26), *transexual* (12), *homossexualidade* (12), *gay* (4), *homoafetividade* (2), *homoafetivas* (2). No sentido oposto, chamou atenção a ausência de qualquer ocorrência para termos como *lésbica*, *Direitos Sexuais* e *homoerótico*.

Tal busca constituiu a base das 58 decisões que compuseram o acervo da pesquisa documental. Esse número foi o resultado do aproveitamento da grande maioria dos acórdãos encontrados através das buscas no sítio do TJRS, somada a algumas outras decisões que, por alguma outra razão, já estavam mapeadas, seja pela repercussão alcançada na mídia, seja por estarem referidas em alguma obra sobre o tema. A existência de decisões que não tenham sido mapeadas através das buscas no sítio explica-se pelo fato de que nem todas as decisões estão disponibilizadas no meio digital. Esse problema é mais frequente com decisões mais antigas, embora algumas decisões recentes igualmente não estivessem disponíveis no sistema informatizado, denominado Sistema Themis.

Esse processo consumiu boa parte do tempo de pesquisa, visto que foi necessário identificar aquelas decisões cujo tema era relevante para o presente trabalho, sendo que nem todos os acórdãos estavam efetivamente disponíveis para *download*. Foram então relacionados os processos nessa condição, classificados por Câmara, passando-se à tentativa de obter os mesmos através de contatos com os funcionários das respectivas Câmaras.

Entretanto, identificados esses acórdãos, surgiu a questão de que se tratavam de processos cuja tramitação ocorre em segredo de justiça, razão pela qual não podem ser objeto de consulta por parte do público em geral. De fato, a disponibilização dos acórdãos na internet é precedida pela supressão dos nomes das partes envolvidas no processo, as quais passam a ser identificadas apenas pelas iniciais.

Explicadas as finalidades da pesquisa, os funcionários realizaram as buscas e se encarregaram de suprimir os nomes das partes nos acórdãos, riscando-os de forma a tornar inviável sua identificação, o que assegura a preservação da identidade das partes.

A quantidade de decisões mapeadas não autoriza projeções estatísticas, razão pela qual, ainda que inicialmente tenham sido elaboradas algumas tabelas visando a identificar percentuais de decisões favoráveis e contrárias, bem como de acórdãos que reformavam ou confirmavam as decisões dos juízes de primeiro grau, ou, ainda, decisões unânimes ou por maioria, optou-se por abandonar essas explorações, privilegiando-se a análise qualitativa, seja no que diz respeito ao exame dos acórdãos, seja quanto aos conteúdos das entrevistas.

Contudo, mesmo que isso não se constitua no objeto central da pesquisa e consequentemente não seja objeto de análise, alguns achados merecem ser referidos, como a diversidade das origens das demandas, cuja maioria é oriunda de Porto Alegre e da região metropolitana da capital, como Viamão, Cachoeirinha, Esteio, Guaíba, conquanto também se encontrem decisões provenientes de cidades menores e de várias regiões do estado, como São José do Norte, Pelotas, Uruguaiana, Bagé, Rio Grande e Igrejinha.

Para a realização das entrevistas, foi mantido contato com os desembargadores através de telefone, e-mail e também contato pessoal. A grande maioria foi bastante receptiva, colocando-se à disposição para conceder a entrevista solicitada. E apesar de muitos não demonstrarem objeção à sua identificação, optou-se por manter a confidencialidade dos dados.

As entrevistas foram realizadas em três locais distintos: gabinete do participante, gabinete do entrevistador no Foro Central, na residência do participante. Em todas as oportunidades, após uma breve explanação sobre a natureza do trabalho de pesquisa, foi submetido o termo de consentimento, o qual foi assinado pelo entrevistado, que ficou com uma cópia do documento.

No total, foram realizadas onze entrevistas, compreendendo cinco desembargadores na ativa (de um total de oito membros das Câmaras de Família) e quatro desembargadores aposentados. Também foram realizadas duas entrevistas com magistrados de primeiro grau.

Com o objetivo de possibilitar que o leitor possa identificar as diferentes falas de um mesmo magistrado, contextualizando sua visão de mundo frente às diversas questões enfrentadas, os entrevistados foram individualizados por meio de uma letra. Assim, os magistrados estão referidos pelas letras "A" a "L", suprimindo-se alusões de gênero, tempo de exercício na função, lotação e outros qualificativos que poderiam conduzir à identificação do entrevistado. Igual providência fora tomada em relação a algumas referências a passagens por cidades do interior, cuja identificação igualmente poderia levar à identificação do entrevistado, nesses casos optando-se por simplesmente omitir o nome da localidade.

Em média, as entrevistas duraram uma hora (algumas se prolongaram até 1h40min.), enquanto outras foram bem mais breves, com apenas 35 min. Essa variedade esteve bastante ligada à quantidade de casos examinados pelo entrevistado ao longo de sua atividade jurisdicional, bem como à quantidade de detalhes sobre cada caso, manifestada pelo entrevistado. Da mesma forma, alguns entrevistados foram bastante minuciosos ao discorrer sobre suas trajetórias pessoais, enquanto outros foram concisos.

Utilizando o roteiro de entrevista como um ponto de partida em todas as oportunidades, nem sempre o curso da entrevista seguiu estritamente o roteiro inicialmente previsto. Em algumas ocasiões houve, por parte do entrevistado, a antecipação de pontos cuja abordagem estava proposta para momento posterior; outras vezes, a narrativa determinava a mistura de questões, suscitando alguma confusão e eventual necessidade de retomada do fio-condutor da entrevista.

Ao final, porém, chegou-se a um material bastante consistente, cuja degravação produziu, de fato, mais conteúdo do que se poderia apresentar no corpo desse trabalho, surgindo a necessidade de um recorte que limitasse o espaço destinado a dar voz aos entrevistados. Buscaram-se então apenas os trechos mais representativos dos modos de pensar dos magistrados.

2. As tensões entre crença e direito

2.1. Ciência e religião

A perspectiva de uma sociedade pós-moderna absolutamente secularizada, na qual a religião estivesse restrita ao âmbito das relações interpessoais, sem qualquer impacto relevante nas esferas do poder público, demonstrou-se improvável na primeira década do século XXI, mesmo quando tomamos como cenário os países da sociedade ocidental.

Em um interessante exercício de probabilidade sobre o futuro das religiões, Daniel Dennett propõe diversos cenários para os próximos séculos, os quais variam num e noutro sentido, focando o movimento secularização/encantamento do mundo.

> O iluminismo já acabou faz tempo; a arrepiante "secularização" das sociedades modernas, que foi prevista durante dois séculos, está se evaporando diante de nossos olhos. A maré está virando e a religião fica mais importante que nunca. Nesse cenário, a religião logo retoma uma função parecida com o papel social e moral dominante que tinha antes do surgimento da ciência moderna no século XVII (Dennett, 2006: 45).

A credibilidade desse cenário não é desconhecida, conforme revela uma série de publicações lançadas nos últimos anos. São autores como Kevin Phillips (2006), Sam Harris (2007), Richard Dwakins (2007), cujas publicações, embora não sejam textos estritamente acadêmicos (é literatura popular produzida por acadêmicos), indicam uma grande preocupação com a crescente religiosidade da sociedade americana, com reflexos importantes nos atos de governo daquele país.

Em um outro cenário, tomando-se o sentido inverso, surge a possibilidade de uma religiosidade abatida:

> A religião diminui em prestígio e visibilidade, assim como fumar; é tolerada, uma vez que há aqueles que dizem não poder viver sem ela, mas é desencorajada, e o ensino de religião para crianças pequenas impressionáveis é desaprovado na maioria das sociedades, e até mesmo proibido em outras. Nesse cenário, os políticos que ainda praticam alguma religião podem ser eleitos se provarem que são dignos em outros aspectos, mas poucos proclamariam suas filiações religiosas – ou atribulações, como os politicamente incorretos insistem em chamá-las (Dennett, 2006: 45).

Do mesmo modo que na hipótese anterior, podemos também encontrar dados que apontam para esse cenário. No plano internacional, por exemplo, pode-se citar a recente decisão da Corte Europeia de Direitos Humanos, de 26 junho de 2007, a qual decidiu que o ensino religioso nas escolas públicas da Noruega violam os direitos humanos das crianças daquele país.

Pode-se também afirmar que o próprio fenômeno religioso tem se transformado, afastando-se do conceito clássico de religião forjado por Durkheim como sendo "um sistema unificado de crenças e práticas relativas a coisas sagradas que se unem em uma comunidade moral chamada Igreja" (Durkheim, 1989: 79).

Tomando-se como exemplo o caso brasileiro, dados recentes apontam para um crescente distanciamento entre o discurso da hierarquia da Igreja Católica e as convicções dos fiéis, tornando-se bastante questionável a efetiva existência de um "sistema unificado em uma comunidade moral", quando se observa, por exemplo, que 96% dos católicos brasileiros afirmam que se pode utilizar preservativo nas relações sexuais e continuar sendo um bom católico.[12]

O aspecto mais interessante dessa proposição, como destaca o próprio filósofo Dennett (2006), é que não estamos em condições de saber qual será, dentre os variados cenários que apontam diferentes caminhos para o futuro da religião, aquele que enfim se concretizará.

A questão teórica levantada, entretanto, possibilita uma reflexão que ultrapassa os movimentos de secularização e encantamento do mundo, percebidos dentro de uma perspectiva que tome a crença das pessoas e o modo como as sociedades regulam as relações interpessoais.

Mais do que o efeito das religiões sobre as pessoas e sociedades, o que se pretende trazer à reflexão, no presente estudo, é a

---
[12] Fonte: IBOPE OPP008/2005, para Católicas pelo Direito de Decidir, CDD.

influência das religiões sobre os Estados. Ainda que possa parecer uma decorrência da primeira, tal não acontece de forma automática, merecendo, pois, ser examinada separadamente.

2.1.1. Laicidade na teoria

A laicidade tem sido proposta como o regime social de convivência no qual as instâncias políticas se vêem legitimadas pela soberania popular e não mais por instituições religiosas. Nesse sentido, autores como Hervieu-Léger (1997) e Blancarte (2000) têm afirmado que o papel da religião na modernidade sofre restrições no cenário político/público, de vez que sua legitimidade parece estar confinada à esfera privada, no sentido de que apenas os fiéis, que livremente aderem a uma determinada crença, estarão voluntariamente submetidos a determinados dogmas.

Ainda antes de adentrar no tema propriamente dito, convém distinguir laicidade e secularização, distinção que, nas palavras de Anselmo Borges, alcançam relevância específica para os propósitos deste estudo:

> Se a secularização está concretamente em conexão com a liberdade religiosa garantida por um Estado indiferente e neutro do ponto de vista confessional, o projeto da laicização é muito mais vasto, pois não se contenta com funções negativas por parte do Estado. Vai mais além, exigindo um programa positivo. Esse programa tem o seu ponto nevrálgico no ensino e, de modo mais abrangente, no domínio do espiritual e do simbólico. Combatendo a hegemonia das Igrejas, nomeadamente a Igreja Católica, que se opôs tantas vezes à modernização, o Estado reivindicou para si uma Escola que tinha no horizonte uma vocação mediadora de transmissão de uma mundivivência total do mundo e da vida e da própria morte, com a finalidade de fazer cidadãos morais, patriotas e racionais. O combate pela imposição deste programa a executar pelo Estado-pedagogo foi travado sobretudo nos países católicos e, por vezes, em lutas duras, ao clericalismo contrapôs-se o anticlericalismo e a laicidade desembocou em laicismo (Borges, 2006: 10-11).

Vê-se que não basta a referência ao termo *laicidade*, especialmente após o Concílio Vaticano II, quando a Igreja Católica passa a propor a "sã laicidade", como uma forma de laicidade na qual a separação entre Igreja e Estado fica restrita ao aspecto formal, posto que as políticas públicas *deveriam* refletir a moral religiosa católica romana. Desde então (*Dignitatis Humanae*, 1965), a proposta da Igreja Católica continua sendo que as relações entre a Igreja Católica e os Estados-nações estejam alicerçadas na perspectiva do Direito Canônico (Prieto, 2005).

Uma outra questão comumente atrelada à concepção de laicidade é a sacralização do Estado laico. Entretanto, para aqueles que realmente sustentam a laicidade como forma democrática de convivência, a mesma não se assemelha a nenhuma crença, como fica nítido na defesa de Micheline Milot:

> A laicidade não é nem uma ideologia nem uma doutrina, nesse sentido ela não comporta prescrições, dogmas ou objetos de adesão. Não se trata do favorecimento de uma linha de pensamento ou de convicções dentre outras. Para conceber e construir uma sociedade livre, a governança política não adere a nenhuma opção filosófica ou religiosa e ela não exige de ninguém tal adesão como condição da associação política. A laicidade não constitui tampouco uma nova "supra-religião", englobando o conjunto das convicções. Ela se realiza, ao contrário, por um desbastamento do político de toda a profissão de fé, onde a diversidade das crenças e dos pertencimentos pode se exprimir e, idealmente, harmonizar-se (Milot, 2008: 78).

Há, porém, que se referir à corrente de pensamento que estabelece conexões entre a laicidade, ou talvez mais propriamente o laicismo, e uma adoração ao "não religioso", identificando nessa postura uma sacralização do Estado laico em si mesmo.

A expressão "religião civil" é atribuída a Rousseau, e tem seu primeiro registro em carta enviada pelo mesmo a Voltaire, no ano de 1756, quando refere sua ideia de um tipo de código moral, a que chama de uma espécie de "profissão de fé civil", capaz de produzir a adesão sentimental ao Contrato Social (Catroga, 2006: 109). Mais tarde, em 1762, ele iria utilizar a expressão "religião civil" no Livro IV, capítulo VIII, do Contrato Social.

Apesar de correr o risco de uma abordagem superficial, parece-me válido referir a ideia de Rousseau relativamente à necessidade de uma religião civil. Segundo Fernando Catroga, para o filósofo francês:

> Só um sentimento ou paixão de Estado consolidariam a razão de Estado, maneira de defender que só a idéia e o amor de Deus (e o medo do castigo eterno) podiam desnaturalizar os indivíduos, levando-os à assunção dos seus deveres como cidadãos. E para se radicar, fomentar e reproduzir o amor divino, ter-se-ia de usar a imaginação e a linguagem dos signos, aliás, como ensinava toda a manifestação ritual da sacralidade, ao pressupor o mito e a sua renovação como liturgia (Catroga, 2006: 125).

Na visão de Rousseau, o controle da educação pública pelo soberano representava uma condição para se impor um conjunto de valores e ideias a serem adorados pelos cidadãos. Para tanto, tornava-se relevante a figura do "Estado pedagogo" fomentando o sentimento patriótico.

Conforme Catroga, a religião civil implica a "santificação de uma entidade secular". Assim, é possível afirmar que a religião civil assume contornos de religião política quando sacraliza uma determinada ideologia, um movimento político, reivindicando para si a verdade e recusando outras ideologias, declinando para o totalitarismo, notadamente através da obrigatoriedade de observância dos ritos prescritos (Catroga, 2006: 139). Tais reflexões sustentam a ideia de que a modernização da política pode eventualmente ocultar uma sacralidade, ainda que não reconhecida.

A forma como surge essa sacralização do político está muito bem descrita por Fernando Catroga em relação ao caso dos Estados Unidos:

> Concretamente ela objetiva-se em discursos, inscrições em monumentos, em produções filatélicas e numismáticas, em freqüentes citações religiosas (retiradas de seu contexto e utilizadas nas mais diversas sessões públicas), na veneração de heróis cívicos e no uso paradigmático de suas vidas, no culto sacrificial da Pátria (consubstanciado na veneração dos veteranos das guerras), na utilização de edifícios e lugares públicos como espaços de oração, na gestão qualitativa do calendário, etc. Por outras palavras: ela traduz-se em símbolos (como os hinos e as bandeiras), em ritos (como as sessões solenes, os discursos inaugurais, as paradas), em múltiplas expressões iconográficas, em fortes investimentos comemorativos, bem como num intenso culto cívico dos mortos da guerra e na freqüente sacralização da linguagem político-ideológica, em particular quando se qualifica o sentido do destino da América (Catroga, 2006: 170).

Também outros autores trabalham esse conceito de religião civil, encontrando sua difusão em diferentes perspectivas. Robert Bellah propõe, em artigo de 1967, uma reflexão sobre a religião civil americana, tomando como ponto de partida a referência a Deus no discurso de posse de John Kennedy em 1961:

> Considerando a separação entre Igreja e Estado, como pode um presidente justificar o uso do termo Deus? A resposta é que a separação entre a Igreja e o Estado não veda uma dimensão religiosa no âmbito da política. Ainda que crença religiosa pessoal, culto e associação sejam consideradas questões privadas, existem, ao mesmo tempo, certos elementos religiosos comuns que são compartilhados pela maioria dos americanos. Esses elementos desempenharam um importante papel no desenvolvimento do modo de vida americano, incluindo a esfera política. Essa dimensão religiosa pública é expressa em um conjunto de crenças, símbolos e rituais que eu chamo de religião civil americana. O discurso de posse do presidente

é um importante evento cerimonial dessa religião. Ele reafirma, entre outras coisas, a legitimação religiosa da mais alta autoridade política (Bellah, 1967).

Essa questão é de fundamental importância para que se contemple a possibilidade de uma postura "laica" anticlerical que, paradoxalmente, reproduzisse uma visão dogmática e sacralizada sobre o tema da laicidade.

Estabelecidas essas premissas conceituais, o próximo passo é o exame das dimensões da laicidade no Estado brasileiro, examinando-se essa proposição a partir de, pelo menos, três perspectivas, conforme se analise a atuação dos Poderes Executivo, Legislativo e Judiciário, bem como as tensões existentes no campo político-jurídico, em face das pressões de setores religiosos, especialmente de matiz fundamentalista, sobre os agentes políticos do Estado.

No intuito de ilustrar de que forma acontece o confronto entre Estado e Igrejas no Brasil, apresentarei breves exemplos, todos recentes, para cada uma das esferas político-administrativas do Estado brasileiro.

No âmbito do Legislativo, dois exemplos são contundentes. Em pequena cidade do Rio Grande do Sul, a Câmara de Vereadores aprovou uma lei (em 2006) que estabelecia a obrigatoriedade da leitura diária da bíblia nas escolas públicas do município. O que poderia parecer um fato isolado em uma cidade inexpressiva no cenário nacional adquire novo significado quando, em 2007, a Assembleia Legislativa do estado de São Paulo aprova, em decisão unânime, um projeto intitulado "Deus na escola", cujo objetivo é promover o ensino religioso nas escolas da rede estadual de ensino.

No primeiro caso, a lei foi declarada inconstitucional (em decisão unânime) pelo TJRS. No caso de São Paulo, o Governador vetou a lei, através de uma justificativa de que o Estado não teria competência político-administrativa para determinar os conteúdos curriculares. Ambos os exemplos sinalizam a atuação de setores religiosos (ou vinculados às religiões) junto aos legisladores, com o objetivo de inserir ou fortalecer a presença de conteúdos religiosos nas escolas públicas.

Por outro lado, no âmbito do Poder Executivo, adota-se como exemplo a recente participação do Ministro da Saúde em evento realizado pela Igreja Católica junto ao monumento do Cristo Redentor, na cidade do Rio de Janeiro, para celebrar o 1º de dezembro, dia internacional da luta contra a AIDS.

Em polêmica decisão, o Ministro aceitou participar do ato, consentindo que não se fizesse qualquer alusão ao uso de preservativos, num silêncio obsequioso à Igreja Católica, numa postura que repercutiu fortemente nos movimentos sociais ligados à luta contra a AIDS. Isso porque a política pública de Estado nessa área está centrada justamente na distribuição de preservativos.

Tal foi a repercussão que o Ministério da Saúde emitiu "nota de esclarecimento" divulgada no dia 27/11/07 (alguns dias antes do evento), na qual destacava que:

> O governo possui uma clara e sólida política de prevenção, sendo um dos pilares a promoção do uso e a melhoria do acesso ao preservativo, o que notadamente diverge da posição oficial da Igreja Católica neste tema. (...) No próximo dia 27 de novembro, será lançada, em Brasília (DF), uma campanha publicitária de massa para a população, cujo tema é o jovem. O foco da campanha é a promoção do uso do preservativo (AIDS, 2007).

Do mesmo modo, agora se focando o Executivo, observa-se a tensão existente no discurso do Presidente da República, quando faz algum pronunciamento público sobre a questão da descriminalização do aborto. Ora sustenta a necessidade de que o tema seja enfrentado como uma questão de saúde pública, ora afirma que não há necessidade de qualquer alteração na legislação vigente.

Importante mencionar a assinatura, pelo Presidente Lula, de uma concordata[13] com a Santa Sé. Negando-se a fazê-lo por ocasião da visita do Papa Ratzinger ao Brasil, em maio de 2007, face à cobertura por parte de importantes veículos da mídia nacional, o fez em viagem ao Vaticano, em novembro de 2008.

Relativamente ao Poder Judiciário, têm sido recorrentes as demandas cuja temática a ser examinada pelos juízes está diretamente ligada à questão da laicidade, cujo exame, por isso mesmo, deve ser aprofundado.

2.1.2. O Estado entre a ciência e a religião

Diversos são os autores que têm se dedicado ao tema da tensão presente entre ciência e religião. Sob diferentes perspectivas, ora se questiona o ensino do criacionismo e a teoria do "*design* inteligen-

---

[13] Denominam-se concordatas os acordos diplomáticos assinados entre um Estado e a Santa Sé. Usualmente, esses acordos asseguram a proteção dos interesses da Igreja Católica, concedendo-lhe privilégios no território do Estado concordatário.

te" (Blackmore, 1999; Young e Edis, 2006), ora a própria incompatibilidade entre o saber científico e a crença religiosa (Russel, 1997; Kurtz, 2003), alcançando-se a questão da possibilidade de difundir valores morais sem base na religião (Arthur, 1996; Buckman, 2002).

Contudo, é no debate sobre temas ligados aos Direitos Sexuais e Direitos Reprodutivos que a tensão entre ciência e religião adquire maior visibilidade. São exemplos: as políticas públicas ou decisões judiciais em questões que envolvem anticoncepção de emergência, distribuição de preservativos nas escolas, educação sexual, implementação do aborto legal, interrupção da gravidez nas hipóteses de anomalia fetal incompatível com a vida, regulamentação das uniões entre pessoas do mesmo sexo, prostituição, cirurgia para troca de sexo, pesquisas com células-tronco embrionárias e descriminalização do aborto. Tais polêmicas geram farta discussão sobre a laicidade do Estado, materializada em casos concretos nos quais se debate sobre o papel da ciência e da religião na aprovação de leis, construção de políticas públicas e decisões judiciais.

Exemplos recentes atestam que, não obstante o reconhecimento de uma secularização crescente da sociedade no que tange à obrigação legal de viver segundo determinados ditames religiosos, vivenciamos uma forte participação do campo religioso nos debates públicos acerca de questões envolvendo os Direitos Sexuais e Direitos Reprodutivos no Brasil.

Foi assim no tema da descriminalização do aborto, quando a Comissão de Constituição e Justiça do Congresso Nacional (CCJ), a fim de examinar a constitucionalidade do Projeto de Lei nº 1.135/91, convidou um representante da CNBB e dois pastores evangélicos para participar de audiência pública (no ano de 2008), cuja principal finalidade era verificar se o Projeto de Lei violava ou não a Constituição Federal, que propunha a descriminalização do aborto no Brasil.

Na condição de palestrante convidado para referida audiência pública, pude constatar uma curiosa postura de parte dos representantes religiosos, a qual se poderia traduzir como uma tentativa de reforçar sua legitimação no espaço público através da invocação da ciência em seus discursos. Assim, por exemplo, um pastor evangélico convidado a expor sua posição sobre o tema da descriminalização do aborto afirmou: "eu não vou falar do lugar da religião, vou falar do lugar da ciência", para logo acrescentar que "a alma se insere no corpo no momento da concepção".

Duas questões merecem atenção nessa postura. A primeira diz respeito à própria recusa de um representante religioso em falar em nome da religião utilizando argumentos religiosos – razão de sua convocação à audiência. Segundo, invocar a ciência para sustentar sua crença de que existe uma alma – aspecto que não faz parte do conhecimento científico sobre a anatomia/fisiologia do corpo humano – e que ela se insere no corpo no momento da concepção. Logo essa tensão entre crença e ciência não se limitaria a esse momento específico. Também a representante da CNBB afirmou para os membros da CCJ que não iria falar de religião, mas de ciência, adotando uma postura que parecia ignorar que estava na audiência representando os bispos do Brasil.

Do ponto de vista jurídico, ocorreu praticamente o oposto, por exemplo, quando o advogado presidente da Associação dos Juristas Católicos, para tratar da questão técnico-jurídica, buscava reforçar sua tese no fato de o preâmbulo da Constituição Federal fazer alusão à proteção de Deus, deixando de mencionar que o Supremo Tribunal Federal já decidira, em julgamento unânime que tratava justamente da menção à proteção de Deus, que o preâmbulo da Constituição não gera direitos ou deveres.

A presença do campo religioso, contudo, estava reforçada ainda pela participação de Deputados que expressamente aludiam à necessidade de se levar em conta a doutrina religiosa, com frases como "Esse país precisa de Deus". Nesse sentido, observa-se que não se trata de uma influência religiosa externa ao Congresso Nacional, senão que muitos dos Deputados da Comissão de Constituição e Justiça comungam dos argumentos religiosos sustentados pelos expositores convidados para a audiência pública.

A influência religiosa não se restringe ao Legislativo. Quando do debate sobre a constitucionalidade da utilização de células-tronco embrionárias em pesquisas (ano de 2008), foi possível constatar que o debate adquirira visibilidade na mídia, ganhando os principais veículos de comunicação de massa do país, através de reportagens, entrevistas, editoriais. Ao longo desse debate, pode-se identificar uma forte disputa entre ciência e religião. Entretanto, mesmo no auge dessa tensão, por ocasião da audiência pública então realizada pelo Supremo Tribunal Federal, a primeira de sua história, foram convidados apenas especialistas com formação acadêmica.

A situação modificou-se por ocasião das audiências públicas convocadas pelo STF para debater uma ação sobre interrupção da gravidez em casos de anomalia fetal incompatível com a vida – no ano de 2008. Para subsidiar a decisão dos Ministros do Supremo Tribunal Federal foram convidados representantes da Igreja Católica e da Igreja Universal do Reino de Deus. As razões que levaram o STF a convidar essas duas agremiações religiosas levantam questões que vão desde a ausência de representatividade das lideranças religiosas relativamente aos fiéis, até a absoluta impropriedade de um magistrado ou Tribunal – no caso a mais alta Corte do país – buscar fundamentos para uma decisão judicial em determinada crença religiosa. Isso equivaleria, por exemplo, a um magistrado que para decidir sobre uma ação de divórcio, convocasse a Igreja Católica a se manifestar a respeito do pedido.

Contudo, a iniciativa do Poder Judiciário de convidar lideranças religiosas para falarem em uma audiência pública foi recebida com naturalidade. Conforme a cobertura da mídia através de vários jornais e *sites*, "foram ouvidos especialistas" no tema da anencefalia: tratamento que demonstra o quanto é naturalizada a presença de lideranças religiosas subsidiando uma decisão judicial. Salvo exceções, a questão não despertou polêmica.

No curso da audiência no STF, a representante da Igreja Católica manifestou-se radicalmente contrária à possibilidade de interrupção da gravidez, enquanto o representante da Igreja Universal do Reino de Deus assumiu uma posição de defesa do direito da mulher decidir. No campo científico, sete dos nove palestrantes manifestaram-se favoravelmente à interrupção da gravidez nos casos de fetos anencéfalos.

Em outra esfera de atuação do Legislativo, prossegue a divergência entre ciência e religião quanto à pílula do dia seguinte. Nesse campo, o mais recente (também no ano de 2008) embate ocorreu no município de Jundiaí, no estado de São Paulo, onde uma lei municipal proibiu a distribuição da medicação. Nesse debate, a Igreja Católica assume relevante papel, afirmando que tal modalidade de contracepção é abortiva, alegação que é rechaçada pelas sociedades científicas, colocando novamente a disputa entre ciência e religião, mais especificamente o Ministério da Saúde e a CNBB.

2.2. Brasil – um país laico (graças a Deus)

Examinar a história da laicidade no Brasil sob uma perspectiva ampla, que abrangesse a complexidade das relações entre o Estado (em seus diferentes momentos e configurações) e a Igreja Católica (com suas distintas fases e hierarquias) foge aos limites deste trabalho, razão pela qual tomarei a questão na perspectiva da secularização do casamento.

Assim, buscarei expor a trajetória do Brasil, de uma Colônia católica até se consolidar em uma República laica utilizando como fio condutor dessa análise as normas que regeram e regem o casamento no país. Para que se compreenda a pertinência de debater a influência religiosa nas decisões judiciais acerca das uniões gays, é preciso levar em consideração o histórico do controle religioso e estatal sobre a legitimação das relações afetivo-sexuais.

Para tanto, a proposta é apresentar três momentos históricos normativamente distintos, buscando apontar as principais diferenças entre o período monárquico, os primeiros anos da República e a legislação vigente.

A reflexão auxilia na compreensão das tensões existentes entre o pensamento modernizador, que se direciona à maior liberdade dos indivíduos na contratação das formas de relacionamentos que desejam vivenciar e, de outro lado, um modelo conservador, o qual propõe uma regulação estatal uniformizadora das relações afetivo-sexuais.

No primeiro tópico, abordo a ditadura religiosa que imperou no Brasil desde a chegada dos portugueses até o advento da República. A religião católica – oficial – era uma imposição estatal, na medida em que sequer havia registro civil, ficando as pessoas condicionadas ao batismo (pertencimento católico) como forma de se verem registradas. O acesso ao casamento, da mesma forma, era reservado para aqueles que professassem a religião (católica) oficial.

Após a implantação do casamento civil (em 1890), combatido ferozmente pela Igreja Católica, inicia-se a sempre combatida separação entre a Igreja e o Estado. Trata-se de um marco do Estado laico, dada a importância social do instituto do casamento.

No estágio atual, torna-se relevante compreender que a recente (2007) possibilidade de o casamento ser desfeito através de divórcio por simples escritura pública, sem a necessidade de comparecerem as partes à presença do Juiz de Direito, sinaliza uma mudança de paradigma relativamente ao compromisso do Estado com a manutenção do vínculo do matrimônio.

2.2.1. Sobre casamento e religião

O casamento pode ser pensado, dentre outras formas de classificação, a partir de sua regulamentação, a qual pode ser de ordem secular ou religiosa. Todavia, assim limitada a distinção, incorreríamos no equívoco de pensar que todas as religiões reivindicam a sua supremacia sobre a instituição do casamento, o que absolutamente não corresponde à verdade.

Numa breve incursão acerca do tema do casamento em distintas religiões, podemos mapear, ainda que superficialmente, uma série de posturas religiosas frente ao instituto do casamento:

> As principais religiões e sistemas de valores do mundo atribuíram diferentes significados ao casamento. Entre os cristãos, o significado do casamento tem sido objeto de disputas milenares. (...) O Concílio de Trento da Contra-Reforma estabeleceu a doutrina da Igreja: o casamento era um sacramento e como tal deveria ser governado pela Igreja. (...) O protestantismo percebia o casamento como um contrato mundano, ainda que devesse ser realizado por um clérigo conforme as regras da Igreja. (...) Embora os protestantes luteranos e calvinistas tivessem desenvolvido suas próprias normas eclesiásticas de casamento adequado, em princípio, eles realmente reconheciam a jurisdição marital das autoridades seculares. Nos países católicos, entretanto, a partir da revolução francesa, desenvolveu-se amargo conflito entre autoridades seculares nacionais e forte Igreja supranacional. O Código de Napoleão, o modelo legal da Europa Latina e América Latina requeria um procedimento civil para a validação do casamento, e no final do século XIX, a contestação Papal desse procedimento foi uma questão importante na maioria dos países católicos (Therborn, 2006: 200-201).

Partindo dessa rápida incursão, constata-se que não é universal a disputa entre Igreja e Estado pela prevalência sobre o instituto do casamento. Buscando ainda mais diversidade religiosa em torno do tema, poderíamos citar outras referências religiosas:

> Para o hinduísmo o casamento é uma obrigação religiosa e uma instituição sagrada, um sacramento e, como tal, em princípio indissolúvel, mesmo após a morte. Uma viúva, na tradição hindu está socialmente morta, tolerada somente em perpétuo estado de luto. (...) O Budismo Theravada (ou Hinayana) – atualmente dominante no Sri Lanka, Tailândia e Myanmar – não tem nem mesmo uma cerimônia religiosa de casamento (Therborn, 2006: 202).

Se quanto à existência e relevância o casamento aparece de forma bastante diversificada (ou mesmo não aparece) conforme a religião que se esteja considerando, o mesmo se pode dizer em relação à formalidade ritualística que lhe é emprestada em diferentes culturas e distintas religiões, como se vê abaixo:

> No povo Akan, da Gana contemporânea, por exemplo, um perito no assunto distinguiu 24 ligações heterossexuais tipificadas, que variam de acordo com o envolvimento e conhecimento entre os parentes, as trocas interfamiliares, os rituais realizados, e com a posição social dos cônjuges. A antiga lei hindu diferenciava oito formas de se adquirir uma esposa e as listava em uma classificação virtuosa, estando enamorar-se ou apaixonar-se entre as menos virtuosas, na posição seis (Therborn, 2006: 198).

Essa ilustração adquire maior sentido quando se pensa que a Igreja Católica no Brasil usufruiu, por aproximadamente quatro séculos, da primazia sobre o casamento, rechaçando a ideia de que pudesse existir casamento civil que não estivesse sob o controle da religião. Não de qualquer religião, mas da religião católica. Nesse sentido, o período que sucedeu a implantação do casamento civil foi pródigo em manifestações intolerantes, como emblematicamente sintetiza a fala do Papa Pio IX: "o casamento civil é um torpe e vil concubinato".

Reflete a tensão da época o seguinte trecho de uma manifestação de um padre, protestando contra a aprovação do casamento civil, conforme referido pela historiadora Maria da Silva:

> Começa a vigorar hoje, no Brasil, a lei iníqua do casamento civil (ou concubinato legal) que é sem dúvida o que há de mais ofensivo à consciência d'este povo-catholico em sua totalidade. Que não foi essa a aspiração nacional, prova-o o acrescido número de casamentos catholicos que tem sido feitos em todo País, como lê-se em todos os jornais; – e isso porque ninguém quer o casamento civil. Os pais têm razão de não quererem prostituir suas filhas. [Protesto de um Vigário, P. João Marques de Oliveira, Vila de Corumbá, 24 de maio de 1890] (Silva, 2003: 136-137).

Refletir sobre catolicismo e casamento à época do advento da República permite avaliar o contexto de um projeto de modernização de inspiração liberal que, dentre outros objetivos, buscava distanciar o homem da visão de mundo proposta pela Igreja Católica.

2.2.2. A secularização do casamento no Brasil

A fim de que se possa dimensionar o grau de intervenção exercido pela Igreja Católica no âmbito das relações matrimoniais, é preciso referir a vigência de um ordenamento jurídico cuja regulamentação da família era regida pela doutrina católica.[14]

É o caso das Ordenações Filipinas, publicadas em 1603 sob o título de "Ordenações e leis do reino de Portugal, recopiladas por mandado do muito alto, católico e poderoso rei dom Felipe, o primeiro", as quais tiveram vigência no Brasil, por longo período, tendo sido ratificadas pela Assembleia Constituinte instalada com o advento do Império e só foram completamente revogadas com o Código Civil que entrou em vigor em 1º de janeiro de 1917 (Lara, 1999: 39).

Dentre outros dispositivos legais que visavam à regulamentação de práticas sexuais, relativamente ao casamento, importa destacar que o artigo 14 impunha a segregação religiosa nos seguintes termos: "Qualquer cristão que tiver ajuntamento carnal com alguma moura ou qualquer outra infiel, ou cristã com mouro ou judeu, ou com qualquer outro infiel, morra por isso, e essa mesma pena haverá o infiel". Vê-se que não faltavam razões para aderir à fé cristã no Brasil pré-republicano, posto que mesmo quem não professava a fé oficial estava submetido à doutrina católica.

Como salienta Joaquim Carvalho (1990: 121-163), Portugal foi o único país da cristandade que recebeu completamente, e sem reservas, o Concílio de Trento, tornando-o lei nacional. Muito diversas foram as reações da Coroa espanhola onde a recepção acontece "sem prejuízo das leis do reino e das prerrogativas da coroa" e francesa, onde sequer houve a publicação.

Ainda conforme Joaquim Carvalho: "a conjuntura portuguesa era evidentemente favorável, posto que D. Sebastião estava com apenas dez anos de idade e o reino estava sob a regência do Cardeal D. Henrique, legado papal, arcebispo de Lisboa e inquisidor-mor" (Carvalho, 1990: 321-364). A partir dessa visão, impõe-se refletir sobre a extensão da jurisdição episcopal sobre leigos em matéria de "pecados públicos" que se viam investigados através das visitas pastorais.

---

[14] Importante notar que antes da aprovação do casamento civil, que só aconteceu com o advento da República, os não católicos se viam discriminados, sem possibilidade de contrair núpcias. Tão somente em 1863, através do Decreto 3.069, viu-se regulamentada a união entre não católicos. Até então, simplesmente não lhes era assegurado o acesso ao instituto do casamento, posto que essa matéria estava sob a jurisdição da Santa Sé, restringindo-se o acesso àqueles que professavam a religião (católica) oficial do Estado.

Essa amostra contribui para dimensionar o peso da religião na sociedade da época e o modo como a vida das pessoas podia ser impactada por motivos religiosos.

A secularização do casamento talvez possa ser considerada o mais acirrado debate público já instalado no Brasil acerca da separação entre Estado e Igreja, suscitando a intervenção dos líderes políticos da época que, de ambos os lados, sustentaram por décadas acaloradas discussões.

A instituição do casamento civil, como hoje o conhecemos, é – em termos históricos – um dado recente no Brasil. Não é desprezível o fato de que durante praticamente quatro séculos tenhamos convivido com o casamento perante a Igreja Católica Apostólica Romana, como única possibilidade de legitimar nossas relações afetivo-sexuais perante o Estado. Trata-se de uma inscrição em nossa cultura, na medida em que até hoje muitos casais, das mais variadas crenças (e mesmo não crentes), buscam o casamento na Igreja como forma ideal para expressar seu vínculo afetivo-sexual. Nesse sentido, fica nítida a dimensão ritualística do casamento, a qual não está necessariamente vinculada à dimensão religiosa, posto que a cerimônia matrimonial não raro é buscada junto a uma Igreja cuja religião sequer é praticada por qualquer dos cônjuges.[15]

Essa busca por uma legitimação religiosa (hoje legalmente desnecessária), que muitas vezes não corresponde a uma prática religiosa, encontra similitude na instituição do batismo, porquanto também inúmeras pessoas que não praticam qualquer religião levam seus filhos para que sejam batizados na Igreja, embora já possam fazer o registro civil dos filhos, sem a necessidade de recorrer à Igreja para poder documentá-los.[16]

Igualmente, a própria morte era objeto de exclusivo registro católico, abstendo-se o Estado de controlar os dados demográficos, hoje tão essenciais ao exercício de políticas públicas. Assim, se con-

---

[15] Exemplos dessa situação são os vários casos em que o casal de noivos ingressa em Juízo visando obter uma determinação judicial para que uma ordem religiosa seja compelida a realizar a cerimônia.

[16] É dizer, o reconhecimento do Estado se dava através da certidão de batismo. Somente em 1870, através do Decreto n. 1.829 é que se determina o primeiro recenseamento no país, é que essa situação se modificou, surgindo – paulatinamente – a figura do registro civil. Pode-se afirmar então, que o registro civil representa para o cidadão o que a certidão de batismo representava para os súditos da Coroa.

siderarmos que os registros de nascimento eram monopolizados pela Igreja Católica, conclui-se que o pertencimento religioso (católico) era inerente à própria existência.

O monopólio católico estabelecido no período colonial projetou-se na Constituição de 1824, então promulgada "em nome da Santíssima Trindade", a qual, em seu artigo 5º, transpunha a ditadura religiosa do Brasil Colônia para o Império, ao consagrar que "A Religião Catholica Apostolica Romana continuará a ser a Religião do Imperio. Todas as outras Religiões serão permitidas com seu culto domestico, ou particular em casas para isso destinadas, sem fórma alguma exterior do Templo."[17]

É possível, então, afirmar que a implementação do casamento civil teve importante repercussão, na medida em que representou uma conquista para os não católicos residentes no Brasil, conforme assinala Josette Lordello:

> Pelo Decreto nº 119-A de 7 de janeiro de 1890, que separava a Igreja do Estado, o Reino dos Homens tinha afinal real possibilidade de adquirir preeminência sobre o matrimônio. Essa foi uma das primeiras providências da República, de tal forma angustiava a quantos eram atingidos pela discriminação religiosa que se impusera no Império nesse particular. A separação dos poderes temporal/espiritual era tão urgente que no dia 9 de dezembro de 1889 foi apresentado o projeto e já em 7 de janeiro de 1890 vigorava a lei (Lordello, 2002: 144).

Concretizada a separação formal entre o Estado e a Igreja Católica, poucos dias após, foi aprovado o casamento civil, através do Decreto nº 181, de 24 de janeiro de 1890.

O esforço republicano para afastar a Igreja Católica do Estado fica evidente na promulgação da Constituição de 1891, que instaura a cidadania no Brasil. Com o claro propósito de erradicar o monopólio do mercado religioso vigente ao tempo do Império, o artigo 72 da Constituição Republicana estabelece que:

> (...) § 3º Todos os indivíduos e confissões religiosas podem exercer pública e livremente o seu culto, associando-se para esse fim e adquirindo bens, observadas as disposições do direito comum.
> § 4º A República só reconhece o casamento civil, cuja celebração será gratuita.
> (...) § 7º Nenhum culto ou Igreja gozará de subvenção oficial, nem terá relações de dependência ou aliança com o Governo da União ou dos Estados[18].

---

[17] Constituição Política do Império do Brasil, de 25 de março de 1824.

[18] Constituição da República dos Estados Unidos do Brasil de 24 de fevereiro de 1891.

Da leitura dos dispositivos, constata-se uma nítida preocupação do legislador constituinte em construir um Estado laico, apartado da Igreja Católica e equidistante de todas as religiões então professadas no país. Sem a pretensão de me deter no exame das modificações constitucionais que advieram desde então, algumas permissivas (como a readmissão do casamento religioso com a possibilidade de registro para obtenção dos efeitos civis e da previsão de ensino religioso facultativo nas escolas públicas), quero aqui chamar atenção para um ponto específico: o fato de que a Constituição Federal de 1988, em seu artigo 19, inciso I, mantém a vedação de o Poder Público, em todas as esferas:

> estabelecer cultos religiosos ou Igrejas, subvencioná-los, embaraçar-lhes o funcionamento ou manter com eles ou seus representantes relações de dependência ou aliança, ressalvada, na forma da lei, a colaboração de interesse público.[19]

Vê-se, pelos dispositivos constitucionais examinados, que se trata o Brasil de um Estado laico, equidistante das diversas crenças religiosas e cujos únicos símbolos da Pátria são a bandeira, o hino, as armas e o selo nacional – conforme elencados no artigo 13, § 1º, da Constituição Federal de 1988.

Os dispositivos legais mencionados nesse tópico não encerram toda a complexidade da laicidade do Estado, a qual, evidentemente, deve ser aferida com muitos outros elementos, que estão alheios às normas legais. Ainda assim, o plano normativo é um referencial importante para refletir sobre o contexto histórico em que se deu a secularização do casamento no Brasil, naquele final do século XIX.

Sob uma outra perspectiva legislativa, é preciso mencionar que recentemente (2007) houve relevante alteração no ordenamento jurídico quanto à possibilidade de o divórcio se realizar por escritura pública, e não mais perante o Juiz de Direito. À implantação do casamento civil, relativamente ao casamento religioso, equivale, nos dias de hoje, o divórcio por simples escritura pública, relativamente ao desquite/separação que vigeram por seis décadas no país. Significa dizer que o Estado abre mão de investir na conservação do vínculo conjugal, rompendo com um paradigma que incorporara feições do casamento religioso anterior à República. No dizer de Daniel Borrillo:

---
[19] Constituição da República Federativa do Brasil de 05 de outubro de 1988.

Uma vez produzida a secularização do matrimônio, a característica da consumação (como união de duas carnes) do sacramento religioso é substituída pelo consentimento (como união de duas vontades) própria ao direito civil. Sendo o acordo de vontades, e não a *copula carnalis* o que faz a essência do matrimônio, a *conditio sine qua non* de sua existência não pode continuar sendo a diferença dos sexos das partes contratantes. Em outras palavras, para o direito secular, o que conta não é a natureza física da instituição, mas a sua dimensão psicológica. À carne sexuada da regra canônica, o direito moderno opõe o sujeito abstrato, livre e consciente (Borrillo, 2006: 03).

Historicamente, o divórcio surge no ordenamento jurídico brasileiro simultaneamente ao casamento civil, através do Decreto n. 181, de 24 de janeiro de 1890. Dentre as hipóteses elencadas no artigo 82 do Decreto n. 181, está o mútuo consentimento dos cônjuges casados há mais de dois anos. Contudo, o divórcio não dissolvia o vínculo conjugal, limitando-se a autorizar a separação dos corpos e seus reflexos patrimoniais. O Código Civil de 1916, através do artigo 315, inciso III, substituiu a figura do divórcio pelo desquite, figura jurídica similar, que punha fim aos deveres do casamento, porém sem igualmente dissolver o vínculo conjugal, isto é, não liberando os desquitados para casarem novamente.

Ao tentar retomar a figura do divórcio, com plena eficácia para dissolver as relações conjugais, estabeleceu-se um confronto na década de setenta, por ocasião do trâmite legislativo do projeto de lei, visando à aprovação do divórcio no país. Nessa ocasião, a Igreja Católica instalou uma verdadeira cruzada nacional "em defesa da família" sem atentar para a riqueza da diversidade de modelos familiares então existentes no Brasil (Corrêa, 2003).

Aprovado somente em 1977, portanto com mais de um século de atraso em relação à França, o divórcio ainda hoje recebe a condenação da Conferência Nacional dos Bispos do Brasil (CNBB).

Nessa perspectiva, a provação da Lei n. 11.441, de 04/01/2007, cujo artigo 3º altera o Código de Processo Civil, permitindo que o divórcio seja realizado através de simples escritura pública, parece não ter recebido a devida análise por parte dos juristas.

Possivelmente o fato de ter sido justificada a aprovação da lei para a finalidade pragmática de desafogar o ingresso de demandas no Poder Judiciário, tenha inibido uma adequada reflexão acerca de sua importância histórica, uma vez que se trata de novo marco jurídico para o tema do controle estatal sobre o instituto do casamento no país.

Pode parecer mera alteração procedimental, sem maior repercussão. Todavia, é importante modificação de paradigma, que sinaliza uma nova postura do Estado relativamente ao esforço a ser investido na preservação do casamento, que pode ser interpretada como uma consolidação (ainda que tardia) da transformação do sacramento religioso em contrato civil.

2.3. O debate sobre a conjugalidade *gay*

O tema da conjugalidade *gay* tem recebido atenção de militantes pelos direitos humanos, líderes religiosos, governantes, legisladores e juízes em várias partes do mundo. O debate estabeleceu-se em diferentes cenários a partir do final da década de oitenta, quando começaram a surgir legislações autorizando o casamento entre pessoas do mesmo sexo ou atribuindo às uniões *gays* efeitos jurídicos análogos aos do casamento.

Desde então, intensificaram-se os enfrentamentos pela conquista de reconhecimento político-jurídico às relações afetivo-sexuais entre pessoas do mesmo sexo. Seja através da aprovação de legislações nacionais ou locais, protetivas de direitos decorrentes desses relacionamentos, seja por meio de decisões de juízes ou cortes superiores que, diante de casos concretos, asseguram repercussão jurídica às vivências conjugais experimentadas por *gays* e lésbicas. Os debates em torno da temática suscitaram manifestações de lideranças políticas e religiosas, revelando uma grande tensão entre diferentes visões de mundo.

Assim, as Paradas do Orgulho *Gay*, atos públicos que buscam dar maior visibilidade à comunidade LGBT,[20] reúnem milhares de

---

[20] Conforme nota oficial da ABGLT, a sigla LGBT passa a ser adotada pela entidade: NOTA OFICIAL SOBRE O USO DA SIGLA LGBT: Em consonância com as discussões da Diretoria da ABGLT, da decisão da Assembleia (05/06/08), órgão máximo da ABGLT, e das determinações da I Conferência Nacional LGBT, realizada em Brasília de 5 a 8 de junho deste ano, a ABGLT recomenda a mudança e utilização da sigla LGBT, em substituição a GLBT, em todas as comunicações feitas por suas afiliadas, a mídia e o governo. Esta mudança se faz necessária no momento para garantir maior visibilidade ao segmento de lésbicas no ativismo brasileiro. Com isso, o movimento no Brasil segue tendências internacionais que priorizam as lésbicas para combater os vários séculos de patriarcalismo e dominação masculina. São exemplos disso a International Lesbian and Gay Association (ILGA), a Lesbian and Gay Foundation, do Reino Unido, e a National Lesbian and Gay Journalists Association, dos Estados Unidos. Vale lembrar que os demais segmentos (G, B e Ts) são igualmente importantes na luta contra a homofobia e outras formas de discriminação. No entanto, no âmbito do movimento LGBT

pessoas nas ruas (em São Paulo, 3,5 milhões de pessoas foram às ruas em 2009), atestando uma importante alteração no que diz respeito à visibilidade das questões ligadas ao exercício da sexualidade. Os atores sociais envolvidos acionam variadas estratégias para reforçar sua posição acerca do tema. Seja na forma de casamento, seja através do reconhecimento de formas alternativas de assegurar direitos aos casais formados por pessoas do mesmo sexo, *gays* e lésbicas têm alcançado significativos avanços na defesa de sua cidadania sexual, num contexto de enfrentamento do preconceito e da discriminação por orientação sexual.

Cada vez mais, importantes lideranças posicionam-se sobre o tema, o qual tem sido destacado como uma relevante questão para debates travados em períodos eleitorais. Mesmo através de um simples exemplo, é possível dimensionar o quanto esse tema ingressou na agenda política internacional. Em 2005, no seu discurso de posse como Primeiro-Ministro da Espanha, José Zapatero anunciou:

> É chegado o momento de pôr fim, de uma vez, às intoleráveis discriminações de que ainda padecem muitos espanhóis exclusivamente em razão de sua preferência sexual. Direi claramente: homossexuais e transexuais merecem a mesma consideração pública que os heterossexuais e têm o direito de viver livremente a vida que eles mesmos hajam escolhido (Zapatero, 2004).

O fato de que o tema da conjugalidade de *gays* e lésbicas seja referido no discurso de posse de um Primeiro-Ministro, em si mesmo é revelador de que o tema da conjugalidade *gay* adquiriu uma presença significativa – e não apenas secundária – na agenda de importantes lideranças políticas.

A produção acadêmica também se voltou para o tema da conjugalidade de *gays* e lésbicas, no momento em que abarcou o tema, focando-o em obras variadas, conforme se verá ao longo deste trabalho (Pereira, 1999: Brito, 2000; Grossi, 2003; Melo, 2005).

A título ilustrativo, dentre tantas possibilidades, transcrevo a afirmação de Andrew Sullivan, na abertura da obra que organizou

---

brasileiro, são as lésbicas as que se encontram com menor representação. No último encontro da ABGLT, por exemplo, realizado em Maceió, AL, em 2006, somente 6% das organizações presentes eram de lésbicas. Esta mudança coaduna-se também com outras ações, como o lançamento do Manifesto do Coletivo de Mulheres da ABGLT, que reuniu demandas de mulheres lésbicas, bissexuais e transexuais e visa, entre outros objetivos, garantir a incorporação do feminismo no cotidiano, nas formulações e nas prioridades da associação. Texto disponível em http://www.abglt.org.br/port/basecoluna.php?cod=121.

sobre o tema, intitulada "Same-sex marriage. Pro & Con – A Reader":

> O casamento mudou. De um contrato para toda a vida, desenvolveu-se para um acontecimento que é celebrado duas vezes durante a vida de muitos americanos. De um significado de criar filhos, tornou-se, primordialmente, um modo de duas pessoas adultas afirmarem, entre si, seu comprometimento emocional. De uma instituição que conformava certas fronteiras – família, raça, religião, classe – tornou-se, para muitos, uma profunda expressão da moderna habilidade individual de transcender todas essas questões, num exercício de autonomia radical" (Sullivan, 2004: xxiv).

Essa mudança também se faz no conjunto de legislações dos países que já legalizaram as uniões civis entre pessoas do mesmo sexo, dentre os quais Dinamarca (1989), Noruega (1993), Suécia (1994), França (1999), Alemanha (2002), Argentina (Buenos Aires e Rio Negro, 2003) e México (no Distrito Federal, 2007). No mesmo período, outros países solucionaram a questão através da aprovação de legislações que asseguram o acesso ao casamento civil independentemente dos sexos; são exemplos Holanda (2000), Canadá (2005) e Espanha (2005).[21]

Nos EUA, existem estados que legalizaram as uniões entre pessoas do mesmo sexo através de lei estadual. O debate, porém, está se concentrando nas demandas ajuizadas no Poder Judiciário, que decide sobre a constitucionalidade de leis que ora se destinam a incluir os casais formados por pessoas do mesmo sexo, ora afir-

---

[21] Embora este trabalho não vise debater principalmente o aspecto jurídico da questão, porquanto o que se pretende mapear é a influência religiosa contida nas decisões judiciais, convém referir que a defesa de soluções alternativas à democratização do acesso ao casamento não parece ser a melhor solução para a desigualdade de tratamento em função da orientação sexual. Especialmente com relação às propostas de parcerias civis, como o Pacto Civil de Solidariedade (PaCS) adotado na França, sobre o qual afirma Daniel Borrilo "Os casais homossexuais encontram-se em situação de inferioridade jurídica. Diferentemente do casamento, o PaCS não dá direito algum relativo à filiação, não concede automática e imediatamente um visto de permanência ao estrangeiro, e não dá direito à transmissão de pensão em caso de morte do parceiro. (...) Os parceiros do PaCS não têm direito aos benefícios em matéria de acidente de trabalho, seguro velhice, férias concomitantes, e suas uniões não são reconhecidas fora da França" (Borrillo, 2005: 8). Soluções que se desviam da questão da democratização do instituto do casamento, abdicando de reivindicar o acesso ao casamento, independentemente da orientação sexual, conformam-se a uma concepção religiosa de família, reforçando a heteronormatividade e deixam de enfrentar a questão da igualdade na liberdade de escolha do cônjuge, que é pressuposto da dignidade da pessoa humana. (Lorea, 2005: 38; Arendt, 2004: 145).

mam que o casamento só pode ser realizado entre um homem e uma mulher.[22]

No Brasil, perdeu-se a oportunidade de assumir a vanguarda desse movimento por reconhecimento social, político e legal para os casais formados por *gays* ou lésbicas. Isso porque, ainda em 1995, já estava sendo apresentado projeto de lei regulamentando a parceria civil entre pessoas do mesmo sexo. Se aprovado naquela época, o país teria assumido a vanguarda mundial em termos de reconhecimento legal aos casais *gays*. Essa expectativa, entretanto, restou frustrada, visto que até hoje o referido projeto não foi aprovado e, como se verá adiante, os direitos que então se pretendia assegurar, cujo conteúdo parecia avançado, hoje já não corresponde aos anseios de *gays*, lésbicas, bissexuais, travestis e transgêneros, comunidade usualmente referida através da denominação comunidade LGBT, cujos direitos têm sido assegurados através de decisões judiciais mais abrangentes do que os estreitos termos do projeto de lei que trata do tema da parceria civil entre pessoas do mesmo sexo, o qual se encontra emperrado no Congresso Nacional desde 1995.

No Poder Judiciário, como veremos, travam-se as batalhas isoladas para assegurar, caso a caso, os direitos decorrentes da vivência afetivo-sexual. Diferentemente do que se poderia imaginar, aí se desvendam questões que na maioria das vezes não estão circunscritas ao reconhecimento (romântico) de uma relação presente, mas sim de uma relação já terminada ou mesmo póstuma. Na sua maioria, as demandas surgem para obtenção da repercussão material do relacionamento findo.

Por fim, serão tratados dois mitos que costumam acompanhar de perto o debate sobre casamento entre pessoas do mesmo sexo. O primeiro refere-se ao senso comum de que o casamento sempre tenha sido uma instituição sacra que agora esteja sendo profanada. Embora essa questão possa ensejar maiores controvérsias no campo das Ciências Sociais ou da História, o tema não parece ter sido ainda adequadamente explorado no meio jurídico, o que possivelmente contribua para a dificuldade ainda presente no que diz respeito à diferenciação entre o sacramento religioso e o contrato civil.

---

[22] Sobre a trajetória internacional dos reconhecimentos legais de uniões entre pessoas do mesmo sexo e sobre o debate acerca do tema, ver: Wolfson, 2004; Mohr, 2005; Sullivan, 2004; Kotulski, 2004. Tomando em conta as questões do Direito brasileiro: Rios, 2001; Golin *et all*, 2003, Matos, 2004.

A segunda questão a ser desvendada diz respeito ao imaginário, bastante difundido nos meios jurídicos, de que o casamento tenha uma trajetória exclusivamente heterossexual e, apenas agora, em algumas democracias modernas, esteja surgindo a possibilidade de casamento para casais homossexuais. Ambos os mitos precisam ser desconstruídos para o efeito de assegurar que o desenvolvimento do raciocínio que virá seja bem compreendido.

2.3.1. Cidadania sexual

Tratar o tema das demandas por reconhecimento de direitos às uniões entre pessoas do mesmo sexo remete ao conceito de cidadania sexual. A noção de cidadania sexual tem sido reconhecida como a capacidade de efetivo exercício da sexualidade, aliada aos direitos e deveres decorrentes do exercício da cidadania (Eadie, 2004: 203).

Em breve revisão histórica, pode-se referir David Evans (1993), que se utiliza do conceito para explorar a interação entre Estado e mercado e o impacto dessa tensão na sexualidade, sobretudo nas sexualidades consideradas imorais. Plummer (1995) propõe a noção de *intimate citizenship* para designar as escolhas que as pessoas fazem a respeito de seus corpos, emoções, relacionamentos, identidade de gênero e seus desejos. Weeks (1998) faz referência à cidadania sexual, sugerindo que está havendo uma nova ênfase na subjetividade sexual, devido à democratização dos relacionamentos e desenvolvimento de novas subjetividades.

A expressão "sexual citizenship" pode ser usada para descrever os Direitos Sexuais de um determinado grupo, como também o acesso a um conjunto de direitos que estão ligados ao exercício da sexualidade (Richardson, 2000). Como salientam Monro e Waren (2004), os usos da expressão *cidadania sexual* admitem variados enfoques.

O emprego do termo *cidadania sexual* aparece também ligado aos Direitos Sexuais. Mais especificamente, é acionado para promover a defesa dos Direitos Sexuais, especialmente no que tange aos direitos de *gays* e lésbicas. Sustentando a utilização específica desse conceito, Suanna Rance argumenta:

> Nossa proposta se centra em um conceito – a cidadania sexual – que legitima as reivindicações no campo sexual como assuntos de importância e interesse, não apenas na esfera pessoal, mas também nos níveis público, estatal e global. A pro-

posta de cidadania sexual busca integrar a legitimação social e jurídica de diferentes identidades e práticas sexuais, e a aplicabilidade universal dos direitos das pessoas, ao reconhecer: a diversidade das sexualidades e gêneros, cuja expressão muda de forma dinâmica em diferentes tempos e contextos da vida de cada pessoa; e os direitos cidadãos que correspondem a todos por igual, com o respaldo efetivo de leis e políticas, e garantias para a não discriminação (Rance, 2007).

Também Mario Pecheny, ao abordar o tema das minorias sexuais, utiliza-se da noção de cidadania para tratar da luta de *gays* e lésbicas por seus direitos.

Na América Latina, os *gays* e lésbicas vêm desenvolvendo estratégias políticas com vistas à redefinição do status de subordinação em que se encontram. Nesse texto, discutimos as reivindicações políticas destas minorias sexuais efetuadas em nome de direitos, que pugnam por inscrever o tema da sexualidade e das relações amorosas na demanda por uma cidadania plena (Pecheny, 2006).

Para os efeitos deste trabalho, além da utilização da noção de cidadania pelo movimento social e por pesquisadores que se dedicam às questões ligadas aos Direitos Sexuais, torna-se relevante o reconhecimento dessa possibilidade conceitual na própria doutrina jurídica.

Para tanto, afirma-se que a noção de uma dimensão sexual à cidadania encontra respaldo na doutrina jurídica, conforme destaca Pérez-Luño, quando se refere ao uso do conceito de cidadania numa acepção pragmática, mencionando a utilização do termo no contexto de luta por determinadas liberdades, dentre as quais, evidentemente, encontra lugar a demanda por liberdades vinculadas ao exercício da sexualidade:

Assim, o movimento em favor dos direitos civis na sociedade norte-americana da segunda metade do século passado, ou a luta contra o *apartheid* na África do Sul, assim como as ações de determinados coletivos cívicos e diversas ONGs que reivindicam a ampliação da cidadania européia a quantos refugiados, imigrantes e estrangeiros que habitam nos diversos países integrados pela União Européia. Atitudes desse tipo constituem exemplos notórios da dimensão pragmática que pode assumir a linguagem da cidadania (Pérez-Luño, 2003: 19).[23]

Também o Estatuto das Famílias,[24] ao tratar – na justificativa que introduz o texto – das uniões homoafetivas, alude implicita-

---

[23] Também sobre o tema, ver: Roger Rios, 2002; José Lopes, 2003; Álvaro Cruz, 2003.

[24] Projeto de lei (nº 2.285/2007) construído pelo Instituto Brasileiro de Direito de Família, IBDFAM, que conta com mais de 4.000 associados em todo país. A justificativa é assinada por

mente à noção de cidadania, como fundamento para o reconhecimento de direitos aos casais *gays*:

> Em momento algum a Constituição veda o relacionamento de pessoas do mesmo sexo. A jurisprudência brasileira tem procurado preencher o vazio normativo infraconstitucional, atribuindo efeitos pessoais e familiares às relações entre essas pessoas. Ignorar essa realidade é negar direitos às minorias, incompatível com o Estado Democrático. Tratar essas relações cuja natureza familiar salta aos olhos como meras sociedades de fato, como se fossem sociedade de fins lucrativos, é violência que se perpetra contra o princípio da dignidade das pessoas humanas, consagrado no art. 1º, III, da Constituição. Se esses cidadãos brasileiros trabalham, pagam impostos, contribuem para o progresso do país, é inconcebível interditar-lhes direitos assegurados a todos, em razão de suas orientações sexuais (Estatuto, 2007: 12).

Analisando a Constituição brasileira, observamos que não é possível estabelecer um tratamento jurídico diferenciado às pessoas cuja orientação sexual está voltada para alguém do mesmo sexo. A Constituição Federal, no *caput* do artigo 5º, estabelece que "Todos são iguais perante a lei, sem distinção de qualquer natureza". Para que a lei não incorra em discriminação que viole os princípios da Carta Magna, necessariamente deve justificar eventual tratamento diferente, sob pena de incorrer em um tratamento desigual, portanto passível de ser questionado à luz do princípio da igualdade. Nesse sentido, os argumentos que pretendem justificar os impeditivos a *gays* e lésbicas de acessarem o casamento, nos mesmos moldes dos demais cidadãos brasileiros, são fruto das diferentes leituras e interpretações dos magistrados.

Assim, em face de demandas judiciais que versam sobre essa questão, é preciso ter o cuidado de verificar se as soluções encontradas pelo Poder Judiciário contêm argumentos capazes de serem justificados por sua razoabilidade ou, diferentemente, estão informadas por valores religiosos cuja utilização no campo do direito secular viola a Constituição Federal.

A partir da legitimidade social conferida à cidadania, a noção que tradicionalmente se volta para os aspectos mais públicos da vida dos "cidadãos" passa a ser apropriada para aspectos de ordem privada, que até então não eram vistos como *loco* de intervenção do Estado (Cachapuz, 2007).

Sérgio Barradas Carneiro, Deputado Federal (PT/BA) que apresentou o Projeto de lei ora em tramitação no Congresso Nacional.

Complementando, deve-se ainda referir a noção de democracia sexual, como proposta por Eric Fassin, no sentido de que em uma sociedade democrática, as leis são definidas pela própria sociedade, e não por princípios transcendentes – Deus, Natureza, Ciência.

> O esforço para pensar que inclusive a diferença de sexos e as sexualidades não são naturais, mas sociais, e que podemos então redefini-las, torna-se um esforço difícil e muito problemático. Por isso as questões sexuais são atualmente apostas democráticas privilegiadas (Fassin, 2006).

Do exposto, reforça-se a posição do Poder Judiciário, enquanto cenário para dirimir as tensões presentes em torno da temática envolvendo os Direitos Sexuais.

2.3.2. A legitimação do casal gay

O fato de que haja uma demanda internacional por reconhecimento de direitos aos casais *gays* não significa que haja um consenso em torno do tema no âmbito das comunidades LGBT. Tampouco entre os ativistas acadêmicos que em alguma medida dão suporte teórico às demandas de *gays* e lésbicas. Neste subtítulo, examinarei o debate teórico acerca das vantagens e desvantagens de a comunidade LGBT buscar o reconhecimento estatal de seus direitos.

A legitimidade do casamento como forma desejável para a regulamentação das relações afetivo-sexuais é alvo de críticas. Tomarei como interlocutora Judith Butler, a qual apresenta uma postura crítica em relação ao desejo de grande parte do movimento de *gays* e lésbicas, que buscam sua legitimação perante o Estado. Por outro lado, não necessariamente como um contraponto, mas buscando debater também uma outra perspectiva, estabelecerei um diálogo com o texto "O Casamento entre pessoas do mesmo sexo. Sobre 'gentes remotas e estranhas' numa 'sociedade decente'", de Miguel de Almeida, cujo trabalho é bastante representativo do pensamento que tem preponderado no campo das lutas pelo reconhecimento da cidadania sexual.

Considerando-se ser Judith Butler uma das autoras mais importantes na reflexão sobre a heteronormatividade, examinarei algumas de suas reflexões sobre o tema, apresentadas no texto "O parentesco é sempre tido como heterossexual?". Basicamente, seu argumento aponta para o fato de que a demanda por uma legitimação estatal das relações não heterossexuais concede ao Estado um poder de normalização sobre as comunidades *gays* e lésbicas, restringindo as possibilidades de novos arranjos, nos quais o parentesco não estivesse reduzido à família, e a sexualidade não fosse restrita ao casamento.

Sem deixar de reconhecer a legitimidade da demanda por inclusão e reconhecimento inerentes ao acesso ao casamento independentemente da orientação sexual, ela propõe que se adote uma postura crítica relativamente às soluções decorrentes dessa conformidade ao modelo legal que estabelece o casamento como única maneira de legitimar a sexualidade. A partir dessa reflexão, sustenta:

> Se defendermos que o casamento é uma maneira de assegurar esses direitos, não estaríamos afirmando também que um direito tão importante quanto à atenção à saúde deve continuar sendo alocado com base no estado civil? Como isso afeta a comunidade dos não-casados, dos solteiros, dos divorciados, dos não-interessados em casamento, dos não-monogâmicos (Butler, 2003:231).

Contextualizando a crítica, cujo foco está direcionado para os modelos francês e norte-americano, países nos quais a constituição da família acontece precipuamente através do casamento, é preciso tomar em consideração o fato de que, no contexto brasileiro, a possibilidade de reconhecimento jurídico às relações afetivo-sexuais não está isolada no casamento. Isto é, pode-se conquistar o *status* de família sem a necessidade legal de formalizar a entidade familiar através do casamento, reconhecendo-se situações de fato que outorgam ao casal o *status* legal de viver em união estável. A partir da construção jurisprudencial, posteriormente transformada em lei, flexibilizaram-se as possibilidades de reconhecimento estatal, inclusive abrangendo arranjos não previstos originariamente no sistema legal.[25]

Nesse sentido, a própria Butler afirma ser o Tribunal o local onde a lei pode ser desafiada, oportunizando a legitimação de novos arranjos de parentesco. Exemplo dessa construção é a jurisprudência do TJRS admitindo (nos anos oitenta) a investigação de paternidade contra homem casado, quando a lei (então vigente) impedia o ajuizamento de tal ação – modificando o quadro acerca das possibilidades jurídicas vigentes de reconhecimento de vínculos de parentesco no Brasil.

---

[25] São recentes exemplos dessas inovações o reconhecimento de direitos à companheira do homem casado e o reconhecimento da paternidade sócio-afetiva.

Outro aspecto relevante da crítica de Butler propõe que a demanda pelo reconhecimento de casamentos homossexuais seja uma "resposta envergonhada" à epidemia de AIDS, na qual a comunidade *gay* estaria rejeitando a promiscuidade e buscando se apresentar como saudável, normal e capaz de manter relações monogâmicas por longos períodos. Chamo atenção para esse ponto, na medida em que Butler parece sugerir que há um modelo de identidade *gay*, cujo pertencimento sexual poderia ser medido pelo número de parceiros ou, dito de outra forma, o argumento parece sugerir que eventual engajamento em uma relação estável e duradoura descaracterizaria a identidade sexual *gay* – categoria que estaria necessariamente identificada pela multiplicidade de parceiros sexuais.

Sem desconsiderar o argumento da normalização, que de fato tem implicações relevantes, como já visto, parece-me que a uniformização do comportamento *gay* tampouco conduziria a um arranjo que atendesse a toda comunidade LGBT.

Nessa lógica, o pensamento do antropólogo Miguel de Almeida é representativo de um outro ponto de vista que considera a reivindicação pelo acesso ao casamento como a melhor estratégia para o movimento *gay*. Ele ressalta o diferente peso atribuído ao casamento ou às uniões civis em diferentes contextos. Apoiado em Eric Fassin (2004), propõe relativizar as consequências dos relacionamentos, numa ideia de ligações "mais ou menos" legais, destacando, por exemplo, que um casamento na Bélgica traz menos consequências do que um contrato de parceria civil na Suécia. Do mesmo modo, os reflexos de uma co-habitação informal na Suécia podem representar mais efeitos legais do que um contrato de parceria na França ou na Alemanha.

Amparado no conceito de *relatedness*, que aponta para uma espécie de "parentesco por escolha", tomada de autores como Kath Weston (1991) e Janet Karsten (2000), Miguel de Almeida propõe relativizar a força do casamento enquanto legitimador das relações afetivo-sexuais. Mais do que isso, sustenta ele, o casamento passa a ser "um símbolo de inclusão", uma via de acesso à plena cidadania sexual (Almeida, 2007: 162).

Enfrentando a questão levantada por Judith Butler, ele defende que justamente por parecer integracionista é que a exigência de acesso ao casamento, percebido como uma instituição conservadora e patriarcal, resulta numa dinâmica transformadora.

Em que pese a inexistência de consenso no movimento LGBT, o certo é que a reivindicação pelo acesso ao casamento está consolidada, como reflete a recorrente presença dessa demanda nas paradas do orgulho *gay*, através de *slogans* como: *"marriage is a human right, not a heterosexual privilege"*. É dizer, o conceito de igualdade – que segundo Dumont (1993), é um dos valores da sociedade individualista moderna – parece ser instrumento suficiente para ensejar o pleito por igual tratamento de parte do Estado a todos os cidadãos, independentemente de orientação sexual.

Para além de se adotar uma postura a favor ou contra a adequação estratégica dessa demanda, o objeto do presente estudo consiste em investigar as razões através das quais os magistrados admitem ou recusam tal demanda.[26]

A fim de analisar a postura da magistratura, relativamente à influência religiosa a que está sujeita, torna-se necessário conhecer a principal doutrina religiosa que tem se constituído em obstáculo à implementação da cidadania sexual na América Latina, no caso a doutrina católica.

2.4. A oposição religiosa às uniões *gays*

2.4.1. Direito Natural – a natureza contra natura

Em outubro de 2006, o Museu de História Natural, vinculado à Universidade de Oslo, Noruega, apresentou a exposição *Against Nature? – an exhibition on animal homosexuality*, cujo conteúdo foi a apresentação de uma amostra dentre as 1.500 espécies animais nas quais se constataram práticas sexuais entre animais do mesmo sexo. A direção do Museu afirmou que essa era a primeira exibição no mundo a mostrar o tema até então considerado tabu.

Essa referência à exposição *Against Nature?* aponta o quanto o tema é contemporâneo. Para abordá-lo, é preciso desde logo antecipar que não se trata de rebater este ou aquele argumento, posto que nesse caso, a simples ideia de que comportamentos humanos devessem estar condicionados ao comportamento animal é insustentável. Contudo, sem adentrar na evidente inadequação de se tomar o comportamento animal como parâmetro para a conduta humana,

---
[26] Enquanto agente político do Estado, o magistrado, no exercício da jurisdição, incorpora um dos Poderes da República, no caso o Estado-juiz.

o fato para o qual gostaria de chamar a atenção é que tal argumento sequer é baseado em evidências fáticas, visto que o comportamento homossexual é encontrado em muitas espécies, o que torna contraditório o argumento de que a homossexualidade seria antinatural.

Nesse ponto de vista, torna-se relevante examinar como se produziu essa convicção de que a homossexualidade é *contra natura*. Relevante porque essa noção foi incorporada em muitas legislações, inclusive no Brasil, para o efeito de criminalizar a sexualidade *gay*.

A teoria do Direito Natural, gestada no Direito Romano, tem sido utilizada ainda hoje por críticos do casamento *gay*, para afirmarem que a homossexualidade é contra a natureza e, portanto, negativa e mesmo imoral.

No Digesto, de Justiniano, redigido no século III da era cristã, contrapunha-se ao Direito das Nações, próprio dos seres humanos, o Direito Natural, que era conhecido de todos os animais, conforme revela a análise de Ulpiano:

> O Direito Natural é o que a natureza ensinou a todos os animais. Este direito não é exclusivo da espécie humana, senão comum a todos os animais nascidos no mar, na terra e também às aves. Ele provém a união de macho e fêmea que chamamos matrimônio, assim como a procriação de filhos e criação adequada. Na realidade, vemos que todos os outros animais, inclusive as bestas selvagens, regem-se pela compreensão desse direito (Boswell, 1993: 333).

Nos séculos seguintes, esse conceito não foi muito utilizado, entretanto, no século VI, San Isidoro de Sevilla o revisou nos seguintes termos:

> O direito natural é comum a todas as nações, porque se mantém graças ao instinto mais do que à legislação. Nele estão compreendidos a união entre macho e fêmea; o cuidado e educação dos filhos; a possessão comum de todas as coisas; a liberdade individual para todos; a livre aquisição da terra, do mar ou do céu; a devolução dos bens emprestados ou que se devem; o rechaço à violência com força. Pois estas e outras coisas nunca se consideram injustas, senão sempre naturais e corretas (Boswell, 1993: 333).

Se nessa nova definição desaparecem as referências expressas ao modo de se comportar dos animais, pode-se também destacar uma curiosa alusão a uma espécie de "instinto animal" que conduzisse à devolução dos bens tomados emprestados. Trata-se de uma noção bastante reveladora do quanto essa noção de "natural" foi sendo construída.

Em nova alteração conceitual, levada a efeito por Graciano, o Direito Natural passa a ser definido como "o que está contido na lei dos evangelhos, de acordo com o qual todo mundo está obrigado a fazer pelos demais o que faria para si mesmo e está proibido de fazer a alguém tudo que não faria a si mesmo" (Boswell, 1993: 333).

Comparando-se algumas das definições empregadas para conceituar o Direito Natural, verifica-se que o termo foi sendo moldado gradativamente, e somente no século XIII foram formuladas definições de "natureza" que excluíam a atividade homossexual.

Por exemplo, na glosa de sentenças de Pedro de Poitiers, aparecem referências a quatro significados de "natural", cujo último deles, conforme Boswell, está explicitamente calculado para excluir a conduta homossexual: às vezes, "natural" refere-se ao que não é inusual, como o coito entre o homem e a mulher, e "não natural" ao que é inusual. Este modo de eliminar a sexualidade *gay* do domínio do natural "pressupõe algo que poucos teólogos posteriores estariam dispostos a admitir: que a sociedade cristã equipara o 'bom' ao 'comum'" (Boswell, 1993: 332).

Todavia, esclarece Boswell, a maioria dos escolásticos já se convencia, seguindo Aristóteles, de que o mero desvio estatístico não poderia ser pecaminoso, pois se fosse assim, a própria continência sexual seria considerara desviante e, portanto, "não natural".

Entre nós, o tema da homossexualidade também foi regulamentado através de dispositivos específicos, como se observa ao examinar tanto as Ordenações Filipinas, de 1603, cujo Livro V, artigo 13, estabelecia:

> Toda pessoa, de qualquer qualidade que seja, que pecado de sodomia por qualquer maneira cometer, seja queimado e feito por fogo em pó, para que nunca de seu corpo e sepultura possa haver memória, e todos seus bens sejam confiscados para a Coroa de nossos reinos, posto que tenha descendentes; pelo mesmo caso seus filhos e netos ficarão inábeis e infames, assim como os daqueles que cometem crime de lesa-majestade.

Do mesmo modo, as Constituições Primeiras do Arcebispado da Bahia, de 1707, cujo Livro V, no título XVI "Dos delitos da carne", estabelecia:

> É tão péssimo e horrendo o crime da Sodomia, e tão encontrado com a ordem da natureza, e indigno de ser nomeado, que se chama nefando que é o mesmo que pecado em que não se pode falar, quanto mais cometer. Provoca tanto a ira de Deus, que por ele vem tempestades, terremotos, pestes e fomes e se abrazaram e

sorveteram cinco cidades, duas delas somente por serem vizinhas de outras, onde ele se cometia. Sobre o dito crime fez o Santo Pio V duas Constituições, em que ordenou o modo que se deve observar no castigo dos Clérigos culpados nesse delito, e os Reis deste Reino com santo zelo impetraram da Sé Apostólica, que para melhor ser castigado este nefando delito, se cometesse o castigo dele aos Inquisidores Apostólicos do Tribunal do Santo Ofício, como se fez por um Breve do Papa Gregório XIII.

Portanto, ordenamos e mandamos que se houver alguma pessoa tão infeliz, e carecida do lume da razão natural, e esquecida de sua salvação (o que Deus não permita) que ouse cometer um crime, que parece feio até mesmo ao Demônio, vindo à notícia do nosso Provisor, ou Vigário Geral, logo com toda a diligência e segredo se informem, perguntando algumas testemunhas exatamente, e o mesmo farão nossos Visitadores, e achando provado quanto baste, prendam os delinqüentes e os mandem ter a bom recado, e em havendo ocasião, os remeterão ao Santo Ofício com os autos de sumário de testemunhas que tiverem perguntado; o que haverá lugar no crime de Sodomia própria, mas não na imprópria, que comete uma mulher com outra, de que adiante se tratará (Constituições, 2007: 331).

O fato de que a homossexualidade em algum momento tenha sido criminalizada na legislação brasileira impõe algumas considerações. O primeiro ponto a ser enfrentado diz respeito ao fato de que a apreciação do crime de sodomia não estava afeta ao Estado, mas à Igreja, mais especificamente ao Tribunal do Santo Ofício. Essa situação, por si mesma, evidencia a força da Igreja Católica na sociedade brasileira da época, regulando as práticas sexuais de todos, independentemente da sua crença religiosa.

Por outro lado, reforça o que foi dito sobre a existência de uma legislação, canônica, embasada na contraditória afirmação de que a sexualidade *gay* é *contra natura*. Sabendo-se que a legislação contribui em grande medida com nossa formação cultural, torna-se relevante constatar que até recentemente – em termos históricos – a homossexualidade era considera um crime no Brasil, portanto uma prática sexual valorada negativamente e punida pelo Estado.

Essa construção jurídico-cultural não pode ser esquecida quando se trata de investigar quão distante o Brasil ainda está de outros países no que tange à consolidação da cidadania sexual.

2.4.2. A doutrina homofóbica do Papa Ratzinger

Nomear a atual doutrina católica que rechaça as propostas legislativas de concessão de direitos a casais homossexuais com o nome de um Papa pode soar provocativo.[27] Todavia, a vinculação tem pelo menos duas razões de ser, as quais justificam a menção. A primeira diz respeito ao fato de que ambos os documentos contemporâneos que difundem a orientação da Santa Sé foram produzidos pela Congregação para a Doutrina da Fé, sob a prefeitura do Cardeal Joseph Ratzinger. A segunda diz respeito à atual condição de Papa assumida por Ratzinger, reveladora do quanto a sua eleição pelo Colégio de Cardeais significa que as suas posições teológicas estão preponderando no pensamento da Igreja Católica. Embora não se deva confundir o que afirma a hierarquia da Igreja com o que pensam os fiéis e mesmo membros do clero vinculados a outros setores da própria Igreja, a existência de um documento oficial da Igreja e a própria escolha do atual Papa são reveladoras da importância conferida pela instituição ao tema da sexualidade.

Nesse mesmo sentido, destaca-se a existência de algumas dissidências bastante significativas dentro da própria hierarquia católica. Talvez a mais notória seja a postura do Cardeal Martini, cujas epístolas "No que crêem os que não crêem" trocadas em 1996 com Umberto Eco já haviam motivado uma série de críticas à sua postura excessivamente liberal. Críticas que agora se renovam a partir de suas recentes manifestações sobre diversos temas polêmicos, entre os quais o casamento entre pessoas do mesmo sexo, apontando-o como aceitável.[28] No entanto, mesmo havendo alguma divergência no seio da Igreja Católica, não acontece nada que possa ser comparado com a intensidade dos debates que estão em curso na Igreja anglicana, na qual se debate com vigor a admissibilidade do casamento gay e da ordenação de *gays*. Na hierarquia católica, a discussão está circunscrita a pontuais manifestações, enquanto na

---

[27] Cabe aqui aludir à referência de Dawkins, que em "Deus um Delírio", afirma: "Minha linguagem só soa contundente e destemperada por causa da estranha convenção, quase universalmente aceita, de que a fé religiosa é dona de um privilégio único: estar além e acima de qualquer crítica" (Dawkins, 2007: 14).

[28] Em sua recém-lançada obra "Colóquio Noturnos em Jerusalém", Martini apresenta seu "testamento" no qual afirma sobre a homossexualidade: "Entre os meus conhecidos há casais homossexuais, homens muito estimados e sociáveis. Jamais me foi perguntado e nem me teria vindo em mente condená-los". Reportagem disponível em http://www.we-are-church.org/pt/documentos/Martini_Testamento.pdf (conteúdo acessado em agosto de 2008).

confissão anglicana, trata-se de uma discussão que poderá determinar uma verdadeira cisão na instituição. [29]

Assim, chega-se à conclusão de que se alguém que exerceu tão relevantes funções dentro da hierarquia católica – Martini foi Reitor da Universidade Gregoriana – expõe dessa forma suas inquietações, é forçoso convir que também em outras esferas surgem manifestações que questionam os ditames da cúpula romana. Exemplificativamente, aparecem algumas posições de pessoas bem menos expressivas no contexto hierárquico, como são os sacerdotes Bernardino Leers e José Trasferetti, em cuja obra "Homossexuais e Ética Cristã", de 2002, questionam a atual orientação da Igreja Católica sobre o tema da homossexualidade.

É dizer, as reações, mesmo que possam ser numerosas, não afetam a cúpula da hierarquia católica, revelando-se ineficazes para produzir qualquer alteração nas diretrizes da instituição. Por essas razões é que, para os efeitos deste trabalho, tomou-se o discurso hegemônico como referência para analisar a posição da Igreja Católica acerca do tema da homossexualidade.

Assim, tratar do tema do reconhecimento de efeitos jurídicos aos casais formados por pessoas do mesmo sexo seja através de casamento civil, seja através de reconhecimento de uniões que adquiram outra denominação legal, implica analisar o discurso da Igreja Católica, em face da posição central que a mesma ocupa nesse debate. Dentre outros documentos que seriam passíveis de serem analisados, acredito que, à luz do recorte inerente ao objeto de estudo, dois textos devem ser enfatizados.

O primeiro é de 1992, intitulado *Algumas reflexões acerca da resposta a propostas legislativas sobre a não discriminação das pessoas homossexuais*. Desse documento, destaco a seguinte passagem "Como acontece com qualquer desordem moral, a atividade homossexual impede a auto-realização e a felicidade da pessoa, porque é contrária à sabedoria de Deus" (Fé, 1992).

No contexto do documento, tal afirmação visa a afirmar que os homossexuais mereceriam consideração, porém aceitando sua condição de pessoas portadoras de desordem moral que lhes impunha

---

[29] Conforme "A Igreja Anglicana e o conflito ritual a respeito da ordenação e casamento de homossexuais", trabalho apresentado na sessão "Gênero e Sexualidade nas Igrejas", por Aldenor Alves Soares (UFBA) na 26ª Reunião Brasileira de Antropologia, ABA, em Porto Seguro, 2008.

a própria infelicidade. O documento não reconhece o preconceito e a discriminação como sendo os causadores do sofrimento vivido por *gays* e lésbicas.

Referindo-se ao conteúdo desse documento do Vaticano, Luiz Mello afirma:

> Uma visão de mundo heterocêntrica e excludente é o fundamento a partir do qual a doutrina católica advoga a impossibilidade de a "atividade homossexual" proporcionar "auto-realização" e "felicidade". Um tal entendimento, contudo, está na contramão de tudo aquilo que os próprios homossexuais afirmam acerca de seu ideal de auto-realização e felicidade, o qual incluiria, em posição de absoluto destaque, a possibilidade de estabelecer relações afetivo-sexuais com outros de seu próprio sexo, sem ser objeto de discriminação social (Mello, 2005: 175).

O segundo documento que merece ser considerado, ainda que sucintamente, é de 2003, denomina-se *Considerações sobre os projetos de Reconhecimento legal das Uniões entre Pessoas Homossexuais*. Esse documento foi publicado para embasar uma campanha lançada pelo Vaticano com o intuito de combater as novas legislações que começavam a proliferar, especialmente nos países europeus, assegurando a cidadania sexual de *gays* e lésbicas em diferentes países. Desse texto, transcrevo: "O ensinamento da Igreja sobre o matrimônio e sobre a complementaridade dos sexos propõe uma verdade, evidenciada pela reta razão e reconhecida como tal por todas as grandes culturas do mundo" (Fé, 2003). Veja-se o que afirma o documento "Considerações..." a respeito da criação de filhos por casais homossexuais:

> Como a experiência confirma, a falta da bipolaridade sexual cria obstáculos ao desenvolvimento normal das crianças eventualmente inseridas no interior dessas uniões. Falta-lhes, de fato, a experiência da maternidade ou paternidade. Inserir crianças nas uniões homossexuais através da adoção significa, na realidade, praticar a violência sobre essas crianças, no sentido que se aproveita do seu estado de fraqueza para introduzi-las em ambientes que não favorecem o seu pleno desenvolvimento humano (Fé, 2003).

Ambos os textos produzidos pela Igreja Católica possuem um traço comum: dirigindo-se aos legisladores, ignoram o saber científico. No caso da adoção de crianças por casais *gays*, o documento do Vaticano simplesmente prefere ignorar as manifestações públicas de diversas entidades, representativas de distintas categorias profissionais, cuja atuação está voltada justamente para assegurar o bem-estar das crianças.

Dentre outras, podem-se mencionar as seguintes Instituições que já se manifestaram favoravelmente à adoção de crianças por casais homossexuais: Academia Americana de Psiquiatria da Criança e do Adolescente (1999); Academia Americana de Pediatria (2002); Associação Americana de Psicologia (1976); Associação Americana de Psiquiatria (1997); Associação Psicanalítica Americana (1997); Conselho Norte-americano sobre Crianças Adotáveis (1998); Academia Americana de Médicos de Família (2002); Associação Americana de Advogados (1995); Associação Americana de Antropologia (2004).[30]

Esse arcabouço teológico-político irradiado a partir do Vaticano encontra solo fértil entre o clero brasileiro, que o reproduz em diferentes espaços, através de diversificados meios de difusão.

2.4.3. A homofobia religiosa no Brasil

Nas páginas dos jornais brasileiros, é fácil encontrar manifestações de homofobia religiosa. Em alguns casos, a homofobia é explícita, noutros um pouco menos óbvios, onde a sutileza exige uma análise mais aprofundada para que se perceba a sofisticação do argumento que pode induzir o leitor em erro quanto às intenções do texto. Comecemos pelos textos mais primários, tomando as referências coletadas por Luiz Mello, que recolheu preciosos registros em sua pesquisa sobre o tema (Mello, 2005: 170):

> A união entre homossexuais é uma grande bobagem, uma besteira e vai trazer um grande prejuízo para o Brasil. Isto é uma espécie de queda do sentido da vida e da pessoa humana. O homossexual é gente que deve ser tratada como doente. O homossexual é uma pessoa doente, ele não está dentro de sua configuração humana. (D. Aloízio Lorscheider, Arcebispo de Aparecida, jornal Diário de Fortaleza, 20/12/1996).
>
> A união de homossexuais é uma aberração. Um cachorro pode até cheirar o outro do mesmo sexo, mas eles não têm relação. Sem querer ofender os cachorros, acho que isso é uma cachorrada. Esta é a opinião de Deus e da Igreja. (D. Edvaldo Amaral, Arcebispo de Maceió, jornal O jornal, de Maceió, 27/06/1997).

---

[30] Trata-se de *statements*, tomada de posição oficial da categoria, que têm por origem ou um caso concreto em que profissionais daquela especialidade são chamados a se manifestar, e cuja avaliação é depois levada a debate em diversos níveis da categoria até se chegar a uma posição oficial, ou, partindo-se de uma situação hipótese, adota-se uma posição para esclarecer alguma questão polêmica. Os conteúdos das declarações estão disponíveis em www.hrc.org .

> A figura da mãe é muito poderosa. O exemplo de uma mãe lésbica é negativo e poderia influenciar a criança. Ela poderia também virar homossexual. O homossexualismo é contra a lei de Deus e contra a natureza humana. Mãe lésbica deveria perder o direito de educar o seu filho. A Justiça não deve dar a guarda da criança a uma mãe lésbica (D. Estevão Bittencourt, do mosteiro beneditino do Rio de Janeiro, jornal O Diário, do Rio de Janeiro, 17/03/1998).

Os textos formam um conjunto representativo do pensamento do clero brasileiro e suscitam, ao menos, duas ordens de considerações. Numa primeira abordagem, chama atenção o aspecto já verificado acima, relativo ao fato de que os representantes da hierarquia da Igreja não se constrangem em falar de temas científicos sem que apontem a origem de sua legitimidade para tal. Quando um membro do clero afirma que tal ou qual fato é contra a lei do seu Deus, estamos diante de uma afirmação que pode ser rebatida à luz das escrituras e teologia próprias, passível de uma controvérsia intestina, sobre determinado aspecto da doutrina religiosa, no âmbito da própria Igreja Católica.

A situação muda quando um membro do clero afirma que um homossexual deve ser tratado como um doente. Em primeiro lugar, é preciso refletir sobre qual a legitimidade de um Arcebispo definir o que seja uma patologia. Embora possa parecer uma questão menor, em realidade esse é o cerne do debate sobre a separação entre ciência e religião. Que um Arcebispo escreva que um homem ter práticas sexuais com outro homem é pecado, não afeta as pessoas da mesma maneira que quando afirma que tal conduta é doentia. A primeira afirmação está circunscrita a uma interpretação teológica, passível de crítica.

A segunda linha de argumentação carrega a pretensão de ciência e – como a primeira – fomenta a homofobia. Qual a legitimidade de um Arcebispo para propor tal assertiva? [31]

O fato de não ter formação específica numa determinada área do conhecimento não afasta a possibilidade de se emitir juízos sobre questões ligadas a tal disciplina. Porém, igualmente não afasta a necessidade de argumentos razoáveis, capazes de justificar esses juízos. Isso é o que possibilita que se faça a necessária distinção en-

---

[31] Tivesse o Arcebispo formação em psicologia, por exemplo, estaria sendo antiético, por afrontar a resolução do Conselho Federal de Psicologia, cuja resolução 01/99, afirma que a homossexualidade não constitui doença, distúrbio nem perversão e proíbe, sob pena de punição, que os psicólogos façam terapia psicológica em homossexuais, com vistas à cura da homossexualidade" (Zambrano, 2006: 28).

tre o que é ciência (verdade científica – conhecimento questionável) e o que é religião (revelação – dogma inquestionável) e se possa compreender como opera a influência religiosa no enfrentamento jurídico de questões ligadas à cidadania sexual.

Aprofundando-se a análise, constatamos que a ação do clero católico não se reduz à publicação de artigos em jornais. A Igreja Católica no Brasil mostra-se sintonizada com os textos produzidos pelo Vaticano, tanto no que diz respeito à postura doutrinária frente às questões de sexualidade, quanto no que diz respeito à forma de atuação para mobilizar a classe política em torno da questão da conjugalidade *gay*.

A própria CNBB produz textos para tratar do tema das uniões *gays*. No primeiro deles, "Pronunciamento sobre a família", lançado em abril de 1996, exorta os parlamentares a votarem contra os projetos de lei prejudiciais à instituição familiar, englobando as questões da descriminalização do aborto, esterilização voluntária e uniões *gays*. Note-se que, em junho desse mesmo ano, começaram os trabalhos legislativos inerentes ao trâmite do Projeto de lei n. 1.151/95, de autoria da Deputada Marta Suplicy, o qual buscava assegurar alguns direitos aos casais *gays*, ainda que não assegurasse aos mesmos a conotação de uma entidade familiar.

Em outro documento da CNBB, publicado através de nota da entidade, os bispos abordaram a tramitação do projeto de lei da parceria civil, merecendo especial destaque o ponto que se refere à questão da laicidade do Estado, como é possível constatar das referências levantadas por Luiz Mello, de cujos registros me valho para tratar desse ponto específico:

> Quanto às leis civis, não compete à Igreja negociar condições ou restrições legais com poderes civis instituídos, mas ela não pode se furtar a indicar critérios de ordem moral, que orientem as consciências, e tem a obrigação de lembrar a todos que a moralidade não é fruto de consenso ou de acordo de maioria, mas tem uma referência a valores morais intocáveis até para os legisladores civis (Encíclica *Splendor Veritatis*, n. 97) (CNBB, 1996, *apud* Mello, 2005: 172).

Traduzindo-se, a atuação dos legisladores num Estado laico ainda estaria submetida aos dogmas morais da Igreja Católica. Veremos a seguir, acompanhando a análise feita por Luiz Mello, o quanto esse discurso religioso surte efeitos concretos na ação de um expressivo contingente de parlamentares, conforme se vê de sua atuação nos debates acontecidos no Congresso Nacional sobre o projeto de lei da parceria civil:

> Em sessão na Comissão que analisava o projeto de lei, o deputado Jorge Wilson (PPB-RJ), afirma: Apenas quero registrar que nosso assunto está diretamente ligado à religião e quero fazer minhas as palavras do nobre deputado Salvador Zimbaldi, quando diz que há só um livro sagrado, a Bíblia Sagrada, no caso um livro santo, até porque foi escrita por homens inspirados por Deus. (Mello, 2005: 110).

O deputado, em seu discurso, propôs que se desconsiderasse o aspecto secular dos direitos que estavam sendo objeto do debate, uma vez que não se questiona a heteronormatividade do casamento religioso para esta ou aquela doutrina religiosa. Nos termos do projeto de lei então debatido, tratava-se de regular as uniões civis, cuja regulamentação é de atribuição exclusivamente estatal. A afirmação do deputado desconsidera também a diversidade religiosa protegida na Constituição, na medida em que propõe impor a todos a sua visão religiosa de mundo – com um único livro santo – independentemente da (des)crença individual de cada cidadão.

Também o deputado Philemon Rodrigues (PTB-MG) manifesta-se em sessão da Comissão, identificando-se como contrário à aprovação do projeto de lei:

> Quero já dizer que uma meia dúzia de defensores dos homossexuais neste País não tem o direito de querer impor à Nação brasileira aquilo que fere a honra e a moral desta Nação católica, que tem um princípio cristão (*apud* Mello, 2005, 108).

Esse trecho revela um aspecto recorrente no debate: ao referir a ampliação de direitos da comunidade LGBT, os políticos da bancada religiosa afirmam que alguma coisa estaria sendo imposta a toda a população sem, entretanto, explicitar o que exatamente estaria sendo imposto a alguém e, sobretudo, o modo como essa imposição estaria ocorrendo.

São discursos que repercutem a doutrina de Ratzinger sobre o tema, inserindo-a no cenário legal brasileiro, com bastante eficácia. Isto porque, se a ação de deputados comprometidos com a disseminação de doutrinas religiosas no Congresso Nacional não reúne força suficiente para rejeitar o projeto, mostra-se bastante eficaz para impedir que o mesmo seja aprovado.

Em recente artigo publicado no jornal O Estado de São Paulo, o Secretário-Geral da CNBB, D. Odilo Scherer, escreve sobre o papel da Igreja no Estado laico. O texto, adotando a perspectiva do Concílio Vaticano II, propõe uma separação meramente formal entre a

Igreja Católica e o Estado, reservando a este o papel de administrador secular cuja tarefa seria impor a moral católica a todos (religiosos ou não, católicos ou não), convertendo-a na moral pública.

Essa a razão pela qual o texto é intrinsecamente contraditório. Começa afirmando:

> A laicidade do Estado implica o respeito do Estado pelos cidadãos e pelas suas escolhas religiosas livres; além disso, garante às organizações religiosas sua livre organização para atingirem seus objetivos, sempre no respeito à lei comum. Não é pois aceitável que o Estado seja alocado a serviço de uma única corrente de pensamento (Scherer, 2007).

Para depois, contradizendo-se, sustentar que:

> Para isso ela [Igreja Católica Apostólica Romana] exorta os cristãos leigos a participarem, com coragem e discernimento, da atividade política, 'para gravar a lei divina na cidade terrestre' (Scherer, 2007).

Se, como afirma o texto, a atuação das Igrejas deve estar submetida à lei secular (e não poderia ser diferente em uma democracia) tem-se que o artigo 5º, inciso VI, da CF[32] deve ser respeitado com a maior amplitude imaginável, ficando os cidadãos brasileiros imunes a qualquer tentativa de imposição estatal (no âmbito dos três Poderes da República) de qualquer doutrina religiosa.

Como então conciliar essa liberdade fundamental a uma exortação a que os católicos atuem politicamente para tentar gravar (leia-se impor a todos) as leis da Igreja Católica Apostólica Romana? Como vimos acima, alguns cristãos leigos – na condição de deputados – atuam no Congresso Nacional tentando impor uma determinada crença religiosa a toda a população, prática que pode ser considerada como violadora das liberdades laicas. A contradição em alguma medida contribui para se compreender o modelo de laicidade defendido pela CNBB, cuja proposta de uma classe política vinculada à moral católica em nada se assemelha à laicidade como um regime social de convivência no qual as instituições públicas são legitimadas pela soberania do povo e não mais por doutrinas ou instituições religiosas.

---

[32] Art. 5º Todos são iguais perante a lei, sem distinção de qualquer natureza, garantindo-se aos brasileiros e aos estrangeiros residentes no País a inviolabilidade do direito à vida, à liberdade, à igualdade, à segurança e à propriedade, nos termos seguintes: Inciso VI – é inviolável a liberdade de consciência e de crença, sendo assegurado o livre exercício dos cultos religiosos e garantida, na forma da lei, a proteção aos locais de culto e a suas liturgias;

3. O pioneirismo do TJRS

3.1. Um Judiciário de vanguarda

Mesmo antes de surgirem as demandas por reconhecimento das uniões *gays* o TJRS já desfrutava de reconhecimento pelo ineditismo de suas decisões na área do Direito de Família. São exemplos as decisões da década de oitenta, reconhecendo a possibilidade de filhos havidos fora do casamento ingressarem em Juízo, quando ainda vigia a lei que impedia essa hipótese. Do mesmo modo, surgiram as decisões concedendo direitos à concubina, quando ainda legalmente não estava prevista a figura jurídica da união estável.

Neste capítulo, procurarei mapear a jurisprudência do TJRS. Jurisprudência aqui entendida como o conjunto de decisões – chamadas "sentenças" no caso dos julgamentos feitos por juízes de primeiro grau e "acórdãos" no caso dos julgamentos feitos pelos Desembargadores, que atuam no Tribunal (segundo grau), julgando os recursos interpostos das sentenças de primeiro grau.

Primeiramente, será abordada essa tradição na realização inovadora da Justiça gaúcha, para depois apresentar resumidamente a sequência de julgados que enfrentaram as diferentes questões concernentes ao reconhecimento das uniões *gays*, até chegar ao momento atual, onde já se debate a possibilidade de admitir o casamento civil entre duas pessoas do mesmo sexo.

O reconhecimento do pioneirismo do TJRS pode ser analisado de várias maneiras. Aqui, utilizarei três fontes distintas, quais sejam a imprensa, a produção acadêmica e as decisões de outros tribunais.

Começando pelo reconhecimento da imprensa, constata-se que usualmente a notícia sobre alguma demanda homossexual vem acompanhada de referência ao pioneirismo do TJRS. Em matéria intitulada "País tem mais de 200 casos de união de homossexuais", veiculada em 01.04.2008, no *site* de notícias Uol, constata-se que a jurisprudência do Rio Grande do Sul é tomada como referência, mesmo quando a atenção está voltada para outros estados, como no caso da reportagem, em que o foco eram as uniões *gays* registradas em São Paulo:

> Segundo a advogada Cleuser Alves, São Paulo responde por mais de 100 – mais da metade, portanto, dos 200 casos de união civil registrados no País. A Bahia tem 30 casos. Em ambos os Estado,s há um equilíbrio entre o número de casais de *gays* e de lésbicas. Contudo, o Estado que é apontado como o mais avançado no tratamento da questão da união estável entre homossexuais é o Rio Grande do Sul. Desde 3 de março de 2003, por conta de decisão do Tribunal de Justiça do Rio Grande do Sul (TJ-RS), os Tabelionatos são obrigados a registrar união de casais homossexuais (Uol, 2008).

Em outra matéria jornalística a respeito da possibilidade de inclusão do companheiro homossexual como dependente no plano de saúde, para debater sobre a diferença de posição entre a Justiça paulista e fluminense, a jornalista reporta-se ao Judiciário gaúcho, referindo que:

> A Justiça do Rio Grande do Sul é a mais conhecida por quebrar tabus quando o tema é união estável de pessoas do mesmo sexo. Em entrevista à revista Consultor Jurídico, a advogada Sylvia Maria Mendonça do Amaral avalia que as decisões do TJ gaúcho iniciaram uma corrente de vanguarda e que "a orientação sexual não deveria ser considerada quando se tratara de aplicar direitos constitucionais" (Matsuura, 2006).

Também em matérias jornalísticas de revistas semanais, aparecem referências ao pioneirismo gaúcho no enfrentamento do tema das uniões entre pessoas do mesmo sexo. A revista Veja, em edição de maio de 2001, apresentava reportagem sobre o tema, sob o título: "Vanguarda Gaúcha: Rio Grande do Sul assume a dianteira do país na defesa dos direitos dos *gays*". Em matéria que focava uma decisão da Justiça Federal do Rio Grande do Sul, a jornalista Tatiana Chiari ressaltava o conjunto de decisões proferidas no estado, nos seguintes termos:

> Nos últimos tempos, a Justiça do Rio Grande do Sul tornou-se a campeã brasileira no julgamento favorável de causas relacionadas a reivindicações dos *gays*.(...) Por causa da tradição, há cada vez mais causas relacionadas a direitos dos *gays* nos tribunais gaúchos. Uma das mais recentes é um pedido de indenização feito pelo casal formado pela cinegrafista Tânia Elisa e a funcionária pública Magda Camargo. Moradoras de um prédio em Porto Alegre, elas se dizem vítimas de discriminação

e estão processando os vizinhos por danos morais. Querem receber nos tribunais 60.000 reais. Em nenhum outro local do país as chances de vitória para essa causa são tão boas quanto no Rio Grande do Sul (Chiari, 2001).

A matéria ainda apresenta uma possível explicação para jurisprudência do Rio Grande do Sul:

> A principal explicação para o Rio Grande do Sul estar na vanguarda da defesa dos *gays* encontra-se no bom nível educacional da população do Estado. Entre outros indicadores, os gaúchos possuem um dos menores índices de analfabetismo do país e mantêm quatro universidades de primeiro nível, com mais de 200 cursos de pós-graduação. Nos bancos das faculdades, direitos humanos são temas freqüentes de discussão. Essa população com nível elevado de instrução mais tarde ocupa os tribunais e julga medidas inéditas relacionadas às causas dos homossexuais. "Uma classe média instruída e formada com base na imigração européia tende a ser mais crítica e aberta a atitudes liberais", afirma o historiador Luiz Roberto Lopes, da Universidade Federal do Rio Grande do Sul (Chiari, 2001).

Também para referir o reconhecimento da vanguarda da magistratura gaúcha, menciona-se a notícia divulgada no Informativo do TJRS, n° 41, ano 03, Novembro de 2004, cuja matéria de capa informa que o argentino Leandro Despouy, relator especial da ONU para a independência de Juízes e Advogados, explicou ter escolhido Porto Alegre como um dos pontos de visita, "especialmente pelo pioneirismo das decisões do Estado, sua reconhecida infra-estrutura e para conhecer a diversidade do país".[33]

Sob outra perspectiva, há o reconhecimento do pioneirismo do TJRS através da análise de referências encontradas na literatura jurídica. São variadas as obras sobre o tema da união entre pessoas do mesmo sexo ou adoção por casais homossexuais que referem o TJRS como pioneiro, reportando-se às suas decisões para tratar dos primeiros enfrentamentos judiciais que reconheceram efeitos jurídicos às uniões entre homossexuais (Matos, 2004: Júnior, 2006: Peres, 2006). Outras vezes, esse pioneirismo é explicitamente referido, como nos trechos a seguir:

> Para análise neste trabalho foram escolhidos alguns acórdãos do Tribunal de Justiça do Rio Grande do Sul, em razão do pioneirismo nas decisões" (Nahas, 2006: 120).
> Podemos verificar grandes avanços, principalmente, nas decisões dos Tribunais do Rio Grande do Sul que vêm garantindo o reconhecimento dos direitos de casais homossexuais (Novaes, 2005).

---

[33] Conforme http://www.tj.rs.gov.br/noticias/informa/inf41_novembro_2004.pdf

Quanto ao reconhecimento da união homoafetiva como entidade familiar, é válido ressaltar o pioneirismo e a vanguarda das decisões do Tribunal de Justiça do Rio Grande do Sul (Holanda, 2005: 15).

A própria referência ao termo "uniões homoafetivas" reporta à jurisprudência do Rio Grande do Sul, como se verifica na seguinte afirmação:

> A Desembargadora Maria Berenice Dias, do Rio Grande do Sul, foi muito feliz ao cunhar o termo homoafetividade para expressar uma melhor compreensão destas uniões. Tomei o termo emprestado já com o intuito de levar ao leitor a noção de que antes de serem sociedades de fato, como defendem alguns, as uniões homossexuais são sociedades de afeto (Dropa, 2002).

Em trabalhos acadêmicos, igualmente aparecem referências ao pioneirismo gaúcho, como se vê no seguinte trecho da dissertação de mestrado intitulada "Uniões Homoafetivas. Uma nova concepção de família na perspectiva do Direito Civil-Constitucional", cuja autora, no contexto de uma instituição fluminense, afirma:

> O Tribunal do Rio Grande do Sul, conhecido por suas decisões de vanguarda, tem concedido eficácia jurídica às uniões homoafetivas, equiparando-as às uniões estáveis entre homens e mulheres, concedendo a elas todos os direitos decorrentes do fim de um relacionamento público, duradouro, em que o objetivo era a constituição de uma família: direito a alimentos, à meação e à herança (Chiletto, 2007: 81)

Ainda em nível de dissertação de mestrado, encontra-se, agora no estado do Paraná, a seguinte afirmação:

> O sentido de incluir o parceiro homossexual supérstite na sucessão hereditária é mérito da Justiça gaúcham que tem as primeiras decisões favoráveis, adotando-se o posicionamento de estabelecer a união homoafetiva análoga à união estável (Coêlho, 2006:121)

Do mesmo contexto paranaense, em trabalho de autoria de aluno de mestrado que analisa a jurisprudência brasileira sobre o tema das uniões *gays*, retira-se a afirmação seguinte:

> Logo, a decisão de que ora se trata, uma entre diversas outras do mesmo Tribunal, [o qual] mostra-se avançado frente aos demais pretórios nacionais, e mesmo em relação à doutrina pátria, no sentido de pomover a adaptação de nosso ordenamento jurídico positivo a uma situação de fato que, inegavelmente, exigia providências (Santos, 2004: 438).

Outra fonte que pode subsidiar o reconhecimento do pioneirismo que vem sendo protagonizado pela magistratura do Rio Grande do Sul encontra-se na produção acadêmica voltada ao tema dos relacionamentos entre pessoas do mesmo sexo. Em trabalho no qual analisam o reconhecimento social e jurídico do casal homossexual, Márcia Arán e Marilena Corrêa afirmam que, em outros estados, o tema é tratado como sociedade de fato, constatando que:

> Somente em tribunais do Rio Grande do Sul tem-se observado a alegação de "união estável", conferindo-se à união homossexual o estatuto de família (Arán e Corrêa, 2004: 332).

Também Luiz Mello, ao analisar a construção social da conjugalidade homossexual no Brasil, observa que, relativamente ao reconhecimento jurídico aos casais homossexuais pelo Judiciário:

> Embora tais decisões ainda sejam em número reduzido e muitas vezes tratem as uniões afetivo-sexuais entre lésbicas e *gays* sob a ótica do direito comercial, o que se observa é que começa a ganhar aceitação, especialmente no judiciário do Rio Grande do Sul, a idéia de que os casais homossexuais também constituem unidades familiares (Mello, 2005).

Contudo, as referências até aqui examinadas, ainda que apontem para o expresso reconhecimento da jurisprudência pioneira do TJRS, para efeitos de caracterizar essa efetiva construção jurisprudencial, deve ser demonstrada à luz de um breve paralelo entre as decisões do TJRS e as decisões de Tribunais de outros estados brasileiros. Com essa finalidade, trago algumas decisões de outros Tribunais. Para facilitar a comparação, elegi alguns critérios para a busca. Além de tentar encontrar decisões recentes, busquei reunir alguns acórdãos que versem sobre a competência para o julgamento dessa espécie de processo e outras que alcançassem o mérito da causa. Registro que no âmbito dos Tribunais estaduais também encontrei algumas decisões que reconheciam direitos aos companheiros homossexuais, as quais, por serem absolutamente minoritárias, não se mostraram representativas da respectiva jurisprudência.

Não sendo objetivo deste trabalho examinar decisões isoladas, mas apresentar uma amostra da jurisprudência predominante em outros estados, os dados revelam-se suficientes para demonstrar que, em outros estados, ainda não foi reconhecida a competência das Varas de Família para o julgamento das uniões entre pessoas do mesmo sexo, sendo esses relacionamentos encaminhados à apreciação do Juízo Cível, onde são tratados sob a perspectiva de obrigações comerciais e não como entidades familiares.

Quanto à seleção dos Tribunais, tomei como referência o Superior Tribunal de Justiça, posto que, no âmbito do Supremo Tribunal Federal, a matéria ainda não fora examinada. Relativamente aos

Tribunais das Justiças Estaduais, compilei julgados dos três maiores estados do país, quais sejam, São Paulo, Rio de Janeiro e Minas Gerais, em virtude de que seriam mais representativos do cenário nacional.

Como fonte para a busca, utilizei a coleta de dados diretamente dos *sites* dos respectivos Tribunais, onde se podem encontrar decisões cujo conjunto é bastante esclarecedor sobre a distância que separa a jurisprudência do TJRS da de outros Tribunais brasileiros sobre o tema.

Começando-se pelo Superior Tribunal de Justiça (STJ), destacam-se as seguintes decisões da Quarta Turma, a qual tem afastado a competência das Varas de Família para apreciar o pedido judicial de reconhecimento de uma união estável entre pessoas do mesmo sexo.

> Tratando-se de pedido de cunho exclusivamente patrimonial e, portanto, relativo ao direito obrigacional tão-somente, a competência para processá-lo e julgá-lo é de uma das Varas Cíveis (STJ. REsp 323370/RS. REC. ESPECIAL 2001/0056835-9, Rel. Ministro Barros Monteiro, julgado em 14.12.2004).

A decisão parece deixar aberta a possibilidade de que, em outra oportunidade, versando o caso concreto sobre outros aspectos da relação afetiva, poderia ser reconhecida a competência das Varas de Família para enfrentar o litígio. Contudo, poucos meses depois, apreciando caso concreto em que o casal convivia com uma criança, viu-se mantida a posição anterior.

> 1. A primeira condição que se impõe à existência da união estável é a dualidade de sexos. A união entre homossexuais juridicamente não existe nem pelo casamento, nem pela união estável, mas pode configurar sociedade de fato, cuja dissolução assume contornos econômicos, resultantes da divisão do patrimônio comum, com incidência do Direito das Obrigações.
> 2. A existência de filho de uma das integrantes da sociedade amigavelmente dissolvida não desloca o eixo do problema para o âmbito do Direito de Família, uma vez que a guarda e responsabilidade pelo menor permanece com a mãe, constante do registro, anotando o termo de acordo apenas que, na sua falta, à outra caberá aquele munus, sem questionamento por parte dos familiares.
> 3. Neste caso, porque não violados os dispositivos invocados – arts. 1º e 9º da Lei 9.278 de 1996, a homologação está afeta à vara cível e não à vara de família. (STJ. Resp 502995/RN. REC. ESPECIAL 2002/0174503-5. Rel. Ministro Fernando Gonçalves, julgado em 26.04.2005).

No mesmo sentido, afirmando a competência do Juízo Cível para apreciar os conflitos decorrentes de uniões estáveis entre pessoas do mesmo sexo, tratados no âmbito do Superior Tribunal de Justiça, não como uma entidade familiar mas como uma sociedade (comercial, portanto) de fato, tem-se o acórdão que segue:

> Entende a jurisprudência desta Corte que a união entre pessoas do mesmo sexo configura sociedade de fato, cuja partilha de bens exige a prova do esforço comum na aquisição do patrimônio amealhado (STJ. REsp 648763/RS. RECURSO ESPECIAL 2004/0042337-7. Rel. Ministro Cesar Asfor Rocha, julgado em 07.12.2006).

Do mesmo modo que no STJ, encontram-se nas demais Justiças Estaduais igual postura, conforme ilustram as seguintes decisões do Tribunal de Justiça de São Paulo:

> COMPETÊNCIA – Vara de Família e Sucessões – Reconhecimento de união homoafetiva estável – Impossibilidade constitucional de equiparação à União Estável entre homem e mulher, assim reconhecida como entidade familiar – Inteligência do art. 226, § 3º, da Constituição Federal – Recusa da competência do Juízo Sucessório em favor do Juízo Cível, que se mostra acertada em razão de não configurar hipótese de situação de estado – Possibilidade, quando muito, de reconhecimento de sociedade patrimonial de fato – Decisão mantida – Recurso parcialmente provido para deferir a gratuidade processual no âmbito deste agravo. (TJSP. Agravo de Instrumento n. 388.800-4/7 – São Paulo – 2ª Câmara de Direito Privado – Relator: José Joaquim dos Santos – 07.06.05 – V.U.).
>
> COMPETÊNCIA – Ação cautelar de arrolamento de bens – União homoafetiva – Pretensão ao reconhecimento e dissolução de sociedade de fato – Relação de natureza obrigacional e não de cunho familiar – Impossibilidade de equiparação à união estável entre homem e mulher – Vedação pela Constituição Federal – Declinação da competência do juízo da família e sucessões, com remessa ao juízo cível – Recurso não provido. (TJSP. Agravo de Instrumento n. 447.115-4/0-00 – São Paulo – 3ª Câmara de Direito Privado – Relator: Antonio Maria Lopes – 22.05.07 – V.U. – Voto n. 11712).

O não reconhecimento da competência das Varas de Família para tratar do tema pode ser visto como uma antecipação do entendimento sobre o mérito das ações, como se pode verificar nos acórdãos seguintes do mesmo Tribunal de Justiça de São Paulo:

> UNIÃO ESTÁVEL – Reconhecimento pretendido de união homossexual – Impossibilidade em face de tal instituto somente se referir à convivência entre pessoas de sexos opostos – Sentença mantida – Recurso improvido (TJSP. Apelação n. 368.426-4/3 – Monte Azul Paulista – 1ª Câmara de Direito Privado – Relator: De Santi Ribeiro – 06.09.05 – V.U. – Voto n. 16.371).
>
> SUCESSÃO – União entre casal homossexual – Em face da impossibilidade do reconhecimento da união estável a meação de bens adquiridos na constância da sociedade de fato deve ser resolvida no âmbito do direito das obrigações, desde que comprovado o esforço comum – Recurso improvido (TJSP. Apelação n.

368.426-4/3 – Monte Azul Paulista – 1ª Câmara de Direito Privado – Relator: De Santi Ribeiro – 06.09.05 – V.U. – Voto n. 16.371).

No estado do Rio de Janeiro, a situação não é muito diferente, tanto no que diz respeito à sistemática negativa da competência das Varas de Família para enfrentar o tema, quanto no que se refere ao mérito dos pedidos. A primeira situação está representada no acórdão abaixo:

> RECONHECIMENTO DA INCOMPETÊNCIA ABSOLUTA DO JUÍZO DE FAMÍLIA. A união entre pessoas do mesmo sexo não é considerada no direito pátrio como concubinato ou união estável, logo, não tem caráter de entidade familiar, mas não impede que a referida união possa configurar-se como sociedade de fato, de natureza civil, ao amparo do disposto no artigo 981 do Código Civil. Com efeito, as conseqüências jurídicas desse relacionamento de ordem afetivo/sexual e formação do patrimônio, em especial o direito à partilha de bens, em caso de vir a mesma a ser dissolvida pelo falecimento de um deles ou o rompimento espontâneo da relação que lhe deu origem, deverão ser dirimidas no Juízo Cível. A declaração de incompetência absoluta, com a determinação de remessa dos autos à justiça competente, acarreta a declaração de nulidade de todos os atos decisórios (TJRJ. Sexta Câmara Cível. Agravo de Instrumento nº 2006.002.17965. Rel. Des. Francisco de Assis Pessanha, julgado em 07.11.2007).

Quanto ao mérito, a posição do Tribunal de Justiça do Rio de Janeiro não difere do de São Paulo, quando afasta a possibilidade de reconhecimento de efeitos jurídicos à união estável entre pessoas do mesmo sexo:

> Ainda que evidenciada, por longo tempo, a relação homossexual entre dois homens, a ela não se aplica as disposições da Lei nº 8.971/94, sob alegação de existência de união estável. Sobretudo porque, a Carta Magna, em seu artigo 226, estabelece que a família, base da sociedade, tem especial proteção do Estado, consignando no parágrafo 3º que para efeito da proteção do Estado, é reconhecida a união estável entre o homem e a mulher como entidade familiar, devendo a lei facilitar sua conversão em casamento. Esse preceito constitucional, pois, tem por escopo a união entre pessoas do sexo oposto e não elementos do mesmo sexo. (...) (TJRJ. Terceira Câmara Cível. Apelação Cível nº 2006.001.59677. Rel. Des. Antônio Eduardo F. Duarte, julgado em 19.06.2007).

Não raro o julgamento enfrenta ambas as questões, logo rechaçando a competência das Varas de Família e ingressando no mérito do pedido, com o intuito de afastar eventual reconhecimento de existência da entidade familiar:

> Relação homoafetiva entre mulheres, supostamente mantida por 53 anos, pode caracterizar sociedade de fato, extinta pelo óbito de uma delas, mas não configura união estável. Se a Constituição da República apenas reconhece união estável

entre o homem e a mulher (art. 226, § 3º), não é possível estender o conceito às relações homossexuais, para o fim de atribuir à parceira sobreviva direito à meação; agravo retido que se rejeita, com o fim de manter-se a competência do Juízo Cível para conhecer e julgar o pleito sucessivo, de natureza obrigacional, não de família, que almejava o reconhecimento da sociedade de fato e a partilha do patrimônio que a falecida houvesse adquirido com a colaboração da parceira. (...) (TJRJ, Segunda Câmara Cível. Apelação Cível nº 2007.001.08140. Rel. Des. Jesse Torres, julgado em 11.04.2007).

Se no eixo Rio-São Paulo esse é o quadro, também em outros estados encontram-se decisões em que ainda não se reconhece a competência das Varas de Família para o julgamento dos processos envolvendo uniões entre pessoas do mesmo sexo.

De Minas Gerais, colhem-se os seguintes exemplos relativos à questão da competência:

> CONFLITO DE COMPETÊNCIA ENTRE CÂMARAS DO TRIBUNAL – AÇÃO DE DISSOLUÇÃO DE SOCIEDADE DE FATO C/C DIVISÃO DE PATRIMÔNIO – RELAÇÃO HOMOSSEXUAL – QUESTÃO ESTRANHA AO DIREITO DE FAMÍLIA – MATÉRIA AFETA AO DIREITO DAS OBRIGAÇÕES. (TJMG. Conlfito de Competência 1.0000.05.426848-7/000(1). Rel. Des. Orlando Carvalho, julgado em 14.12.2005). AÇÃO DE DISSOLUÇÃO DE SOCIEDADE DE FATO, CUMULADA COM DIVISÃO DE PATRIMÔNIO. RELAÇÃO HOMOSSEXUAL. INEXISTÊNCIA DE DISCUSSÃO ACERCA DE DIREITOS ORIUNDOS DO DIREITO DE FAMÍLIA. COMPETÊNCIA DA VARA CÍVEL. VOTO VENCIDO. A competência é da Vara Cível, em ação de dissolução de sociedade de fato, cumulada com divisão de patrimônio de união homossexual. Preliminar acolhida, sentença anulada e competência declinada (TJMG. Conflito de Competência 2.0000.00.465188-5/000(1). Re. Des. Pereira da Silva, julgado em 20.03.2007).

E no que diz respeito ao mérito, percebe-se enorme distância em relação ao entendimento do TJRS sobre o tema:

> União estável entre pessoas do mesmo sexo. Manifesta impossibilidade jurídica do pedido. Recurso provido. 1. A impossibilidade jurídica do pedido ocorre quando a ordem jurídica não permite a tutela jurisdicional pretendida. 2. Diante da norma expressa, contida no art. 226, § 3º, da Constituição da República, somente entidade familiar por constituir união estável o relacionamento afetivo entre homem e mulher. 3. Revela-se manifestamente impossível a pretensão declaratória de existência de união estável entre duas pessoas do mesmo sexo. 4. Agravo de instrumento conhecido e provido (TJMG. Agravo de Instrumento nº 1.0702.03.094371-7/001(1). Rel. Des. Caetano Levi Lopes, julgado em 22.03.2005).

Do conjunto de dados apresentados, pode-se, com segurança, afirmar que a jurisprudência do Tribunal de Justiça do Rio Grande do Sul é, de fato, pioneira no reconhecimento da competência das Varas de Família para o processamento e julgamento de conflitos envolvendo famílias compostas por pessoas do mesmo sexo. Pioneirismo que se estende ao reconhecimento dos direitos decorrentes desses relacionamentos afetivo-sexuais envolvendo *gays* ou lésbicas.

Outro aspecto relevante para se constatar o grau de pioneirismo da magistratura gaúcha diz respeito a estudos que comparam a postura dos magistrados de diferentes Tribunais de Justiça. Ao pesquisar o modo como diferentes tribunais estaduais têm enfrentado o tema das uniões entre pessoas do mesmo sexo, em pesquisa que abrangeu os estados de Minas Gerais, Rio de Janeiro, São Paulo e Rio Grande do Sul, Rosa de Oliveira constatou que, no conjunto, os dados revelam 44,79% de decisões favoráveis às demandas de *gays* e lésbicas, contra 52,08% de decisões contrárias. No entanto, adverte a pesquisadora que embora esses percentuais se aproximem, não pode ser lido como um sinal de um Judiciário generalizadamente progressista ou avançado:

> pois o índice sobe em função dos acórdãos favoráveis presentes no estado do Rio Grande do Sul, primeiro no *ranking* entre os tribunais investigados, em termos de reconhecimento jurídico de uniões estáveis entre homossexuais, e em cujo conteúdo das decisões encontro variações importantes, comparando com os outros estados no campo (Oliveira, 2007: 136).

Enfim, sob variadas perspectivas, conclui-se que é possível afirmar a vanguarda do Poder Judiciário do Rio Grande do Sul, quando se trata de reconhecimento de efeitos jurídicos aos relacionamentos entre pessoas do mesmo sexo.

3.1.1. Os Direitos Sexuais na pauta do Judiciário

Examinar o conjunto de decisões que versam sobre o tema da sexualidade, na perspectiva do reconhecimento da cidadania sexual, contribui para que se possa compreender a trajetória da jurisprudência do Tribunal de Justiça do Rio Grande do Sul.

O primeiro ponto a ser observado é que não há um conjunto uniforme de decisões que versem sobre um tema delimitado por uma questão específica. As decisões retratam o surgimento das demandas por Direitos Sexuais em geral, sem que esteja especificada, *a priori*, uma relação direta, ou uma sequência lógica previamente estabelecida, uma vez que resultam do ajuizamento (aleatório entre si) de ações buscando o exercício de determinados direitos que podem ser reconhecidos (ou não) pelo Poder Judiciário. Nesse sentido, a criação jurisprudencial está limitada pelo surgimento de demandas capazes de fazer avançar a conquista por direitos.

Também a questão cronológica não é definidora de uma evolução sistemática do direito. Pode haver períodos de grandes conquistas seguidos de retrocessos decorrentes da mudança na composição da Câmara ou, eventualmente, da mudança de posição de um determinado desembargador, provocando uma alteração na postura da Câmara frente a um mesmo tema.

Outro ponto relevante refere-se ao fato de que nem sempre uma decisão que assegure o direito postulado se traduz em uma conquista, sob o ponto de vista de um determinado movimento civil organizado. Ocorrem casos em que tão importante quanto o resultado do julgamento (ganhar ou perder determinada causa) são os fundamentos utilizados para que se chegue a uma determinada decisão, como teremos oportunidade de verificar por ocasião da análise dos argumentos utilizados nas decisões.

Começaremos nossa revisão da jurisprudência por um pedido de alteração de registro civil de transexual, para fins de adequar os documentos ao gênero – tema que ainda é bastante controvertido no direito brasileiro.

A primeira decisão a ser mencionada é de 1991[34]. Trata-se de uma decisão do Tribunal de Justiça que confirmou a sentença de primeiro grau. No caso, havia sido deferida a mudança do nome e do sexo no registro civil de homem para mulher. Da sentença que acolheu o pedido de mudança de registro civil, houve recurso do Ministério Público. No Tribunal, o relator[35] votou pela reforma da sentença, argumentando que:

---

[34] Apelação Civil nº 591.019.831, julgada pela Quarta Câmara Cível do Tribunal de Justiça, em 05 de junho de 1991.

[35] Seguindo o modelo de confidencialidade utilizado para as entrevistas, a análise dos julgados não traz referência aos julgadores, evitando-se pessoalizar a discussão sobre os fundamentos utilizados. O relator é aquele para quem foi inicialmente distribuído o processo, A ele cabe fazer o relato do caso posto em julgamento, bem como proferir o voto inicial. Após, será secundado pelo revisor, que é aquele designado para revisar o voto e, por último, vota o vogal. Assim, durante a sessão, para cada processo poderemos designar os participantes como relator, revisor e vogal.

> O processo artificial de feminilização não justifica a retificação pretendida, pois o apelado nasceu com a fisiologia e biótipo masculino e por mais que deseje ser mulher, jamais o será, pois sob o aspecto biológico, somático, continuará sendo sempre do sexo masculino, de modo que a retificação do registro seria até mesmo uma falsidade, com a grave conseqüência de que poderia autorizar casamento com pessoa do mesmo sexo e ensejar ação de nulidade por erro essencial quanto à pessoa.

Nota-se esmerada preocupação quanto à possibilidade de subverter a ordem familiar, aventando-se hipótese de união entre pessoas do mesmo sexo como causa para a improcedência do pedido de alteração de registro civil.

Todavia, o revisor não acompanhou o voto do relator. Após eruditas citações de renomados juristas e referindo trabalhos acadêmicos de profissionais da área da saúde, notadamente médicos e psicólogos, expressou-se da seguinte forma, revelando a sensibilidade de tratar a autora como pessoa do gênero feminino:

> Entendo que, com todo esse esforço, com todos esses gastos feitos pela apelada – como referiu a sua eminente procuradora, gastou ela mais de 12 mil dólares em Londres, para alcançar seu objetivo -, uma pessoa, nessas condições que procura observar os cânones sociais, seria muito infeliz se a Justiça não lhe desse essa possibilidade de apenas coonestar esse registro com a sua nova identidade. (...) Essa operação restauradora e esse problema psicológico desta paciente vieram determinar, agora um erro de registro. (...) O problema de não dispor a Apelada de órgãos primários femininos, que seriam ovários e útero, não impossibilitaria a pretensão, porque, quantas pessoas, infelizmente, sofredoras e de males graves, às vezes, precisam extrair esses órgãos e não perdem sua identidade feminina?

O desempate coube ao vogal, o qual se posicionou pela confirmação da sentença de primeiro grau, mantendo a autorização para a retificação do registro. Em seu voto, destacou os avanços da ciência, referindo que o desejo da parte autora de obter uma harmonia entre o físico e o psíquico:

> Ele quer se tornar um ser definido, e, para ele, ser definido é ser do sexo feminino e não ser do sexo masculino, como ele viveu até que se decidiu a fazer isso.

Portanto, por dois votos a um, foi confirmada a sentença de primeiro grau, oriunda de Porto Alegre, determinando-se a retificação do registro civil para alterar o sexo da parte autora, adequando-o à nova realidade.

Merece também ser destacada uma outra decisão sobre essa questão, proferida em 1994.[36] Nessa oportunidade, um pedido nesse sentido recebia acolhida no Tribunal de Justiça do RS. Tratava-se de um pedido de alteração do registro para que o nome masculino passasse a ser feminino, conformando-se ao gênero do postulante, o qual havia se submetido a uma cirurgia de troca de sexo.

No caso concreto que passo a examinar, a sentença do juiz de primeiro grau negou o pedido, basicamente, porque a alteração pretendida poderia induzir outrem em erro. Isto é, alguém poderia vir a casar com o autor da ação pensando se tratar de uma mulher, quando na realidade se trata de um homem, eis que não possui aparelho reprodutivo feminino. Ainda, serve de motivação para a negativa em primeiro grau de jurisdição o fato de não haver uma designação legal diferenciada para a classificação sexual de transexuais.

Inconformado com a sentença que julgou improcedente seu pedido, o autor da ação ingressou com um recurso ao Tribunal de Justiça, oportunizando uma nova decisão, agora colegiada. Em seu voto, o relator do processo, discordando da sentença proferida pelo juiz do primeiro grau, assim se expressou:

> A hipótese aqui se fixa juridicamente no alcance do registro civil. O que deve refletir e para que se volta o registro. Este é o ponto nodal da controvérsia. Se deve ele, inexoravelmente, refletir mais uma realidade apenas biológica, ou também uma realidade social como todos os seus consectários.
> E se este registro, ao contrário, como na hipótese versada, propiciar constrangimentos individuais e perplexidades no contexto – que assim resta abalado no seu equilíbrio – estará se afastando do seu escopo, impondo-se, aí sim, a devida correção molde a garantir a continuidade da paz jurídica almejada por todos.

Em duas páginas, sem maiores considerações, conforme afirmado pelo próprio relator, votou pelo reconhecimento do pedido, dando provimento ao apelo. Embora não se possa antecipar a posição dos magistrados relativamente ao julgamento que vão enfrentar, há a possibilidade de se imaginar a posição que irão adotar frente a um tema, ao menos em tese. Nesse caso específico, a surpresa fica registrada no voto do revisor, que refere ter pensado, intuído, que o voto do relator fosse por outro campo, justificando-se por ter preparado um voto mais demorado, isto é, mais longo, aprofundando mais o exame da questão, antecipando que iria ocorrer um debate

---

[36] Apelação Cível nº 593110547, III Câmara Cível, julgado em 10-03-1994.

entre os julgadores, o que de fato não chegara a acontecer. Do voto do revisor, que buscou inclusive a referência do Direito vigente na Alemanha da época, trazendo alusões ao direito ao pleno desenvolvimento da personalidade, destaco os seguintes trechos:

> O que quer o apelante, lutando denodadamente, como se pode ver no processo? Quer mudar o nome de Rafael para Rafaela. Sofreu de tudo. Foi expulso de casa pelo pai, perdeu o emprego, e mais: extirpou a genitália masculina e submeteu-se a operações cirúrgicas pra que o orifício pretensamente vaginal ficasse mais adequado. Maquia-se, veste-se como mulher; é maior; já passou dos 40 e busca na Justiça só isso: quer ser Rafaela. Veja-se que nem há réu propriamente dito neste processo. É o Estado que resiste a seu pedido. E o que quer o apelante em *ultima ratio*? Quer ser feliz. No Direito, há a possibilidade de ser feliz. Para ser bem visualizada, passa pelo abandono de antigos e terríveis tabus.
> As opções de cada pessoa, principalmente no campo sexual, hão de ser respeitadas, desde que não façam mal a terceiros.
> Voltemos ao caso do apelante: ele não suporta a condição masculina que lhe querem impingir; os autos demonstram que teve até namorados. Será justo negar-lhe a pretensão de ser do sexo feminino?
> Medo de que alguém seja induzido em erro? Medo de que um homem se apaixone por Rafael/Rafaela e veja que não é mulher? E o que dizer se for negada a sua pretensão? Se uma mulher se apaixonar por Rafael/Rafaela, verá que de homem não tem quase nada.

É um voto que descortina diversas questões ainda hoje polêmicas, antecipando as soluções que somente uma década depois iriam se difundir em outras poucas decisões que deferiram demandas similares.

O vogal também participou do julgamento, acompanhando os votos do relator e revisor, acrescentando algumas considerações sobre gênero. Antes porém, compartilha a surpresa do colega que lhe antecedera na votação, relativamente ao voto do relator:

> Sr. Presidente, evidentemente que o voto de V. Exa. surpreendeu a todos, demonstrando a grandeza de homem e de Juiz que é e exatamente a consciência de saber entender que, em determinadas situações, o Direito precisa de contornos de realidade. O Direito é a realidade. Por mais que queiramos ou não, por mais que neguemos provimento a esta apelação, ninguém iria tirar de Rafaela o seu contexto de mulher.
> E eu contra-argumentaria ao Dr. Procurador: O que é ser do sexo feminino? Ter seios, ou pensar femininamente? O aspecto é puramente biológico, ou o aspecto é também de estrutura? Ora, parece-me que a Justiça, hoje, não faria justiça se não concedesse ao apelante o direito de ser o que é, efetivamente o que é.

Tenho que essa decisão é de extrema relevância, na medida em que antecipa uma noção de cidadania sexual. Notadamente no voto do revisor, há expressa referência à identidade sexual como integrante da identidade pessoal e, nessa condição, digna de proteção jurídica. Trata-se de uma decisão que pode ser ainda hoje utilizada como parâmetro para aplicar o direito em casos semelhantes.

3.1.2. Quem pode julgar os homossexuais?

Se em 1994 se tratou de definir a identidade sexual como merecedora da proteção estatal, apenas em 1999 é que se teve a primeira decisão atribuindo à Vara de Família a competência para o julgamento de pedidos de reconhecimento de uniões entre pessoas do mesmo sexo.

Naquele período, o debate técnico-jurídico questionava se as relações entre pessoas do mesmo sexo deveriam ser tratadas no âmbito do direito civil à luz dos princípios do direito mercantil ou à luz dos princípios que regem as relações familiares.

Veja-se que o ponto discutido não é propriamente o reconhecimento ou não das uniões entre pessoas do mesmo sexo. A questão prévia era definir a quem competia examinar as demandas que pleiteavam o reconhecimento judicial de efeitos jurídicos às uniões entre pessoas do mesmo sexo.

Em voto pioneiro[37], o relator sustentou que a competência para a apreciação dessa matéria era das Varas de Família, valendo-se dos seguintes argumentos:

> Não há artigo de lei que proíba uma relação afetiva entre pessoas do mesmo sexo. Aliás, nem poderia, ante as garantias constitucionais.
> Com certeza, no caso em discussão, não estamos frente a um negócio jurídico, ser solvido pelas varas cíveis generalistas.
> O relacionamento entre as partes foi bem mais além, pois teve curso, do início ao fim, nos sentimentos que estimulam emocionalmente as pessoas, cujas sutilezas correspondem ao que levou o legislador gaúcho a especializar as varas de família. Como a Constituição proíbe a discriminação pelo sexo, sou pelo exame da causa junto ao juízo especializado.

Os demais desembargadores manifestaram-se, ambos reforçando os argumentos trazidos pelo relator, consolidando a unanimidade do julgamento. O revisor acrescentou que:

---
[37] Agravo de Instrumento nº 599075496, VIII Câmara Cível do TJRS, julgado em 17-06-1999.

> Consubstanciada ficou a competência das Varas e Câmaras de Família, para apreciar as ações referentes ao concubinato – atualmente união estável – mantida entre o homem e a mulher.
> Discriminação, à toda evidência, não pode ser feita quando se tratar de união entre pessoas do mesmo sexo, por afronta à Carta Magna que proíbe qualquer discriminação.

Por sua vez, o vogal, acompanhando os votos anteriores, afirmou a competência das Varas de Família para o julgamento dos pedidos de uniões entre pessoas do mesmo sexo, destacando que:

> Os sentimentos que motivam duas pessoas do mesmo sexo a viverem juntas são os mesmos que motivam os heterossexuais. A preferência sexual é pessoal de cada homem ou mulher. No mais das vezes, há mais fidelidade, amor e respeito entre os homossexuais do que entre os heterossexuais. Se para os heterossexuais os homossexuais são diferentes, estes, em seus direitos, não podem ser diferenciados só porque a nossa sociedade judaico-cristã tem como padrão de comportamento sexual a heterossexualidade.

Além da referência à questão da fidelidade entre homossexuais, cuja fonte não é revelada, surge o primeiro registro de uma alusão expressa à religiosidade como fonte de discriminação de homossexuais.

Nesse mesmo ano, aparece uma segunda decisão afirmando a competência das Varas de Família para o julgamento dos pedidos de reconhecimento judicial de uniões *gays*.[38]

A relatora do processo afirmara a competência da Vara de Família, sob os seguintes fundamentos:

> Não se deseja enquadrar ou intitular tais relações como uma hipótese de casamento, este acompanhado de todas as suas formalidades legais, mas sim, e apenas isso, dar o devido reconhecimento a uma situação de fato, eis que não pode o mesmo Estado que estabelece como princípio constitucional a não discriminação, persistir na marginalização dos seus.

Desde então, no âmbito do Rio Grande do Sul, não pairou mais dúvida a respeito da questão da competência para o exame das causas versando sobre uniões entre pessoas do mesmo sexo. O que se viu nas poucas decisões que se seguiram acerca desse tema foi uma oportunidade para que se fortalecessem os argumentos em favor do reconhecimento da união estável entre pessoas do mesmo sexo.

Considerando-se que o argumento central para tal definição foi a exigência constitucional de um tratamento igualitário relativa-

---

[38] Apelação Cível nº 598362655, VI Câmara Cível do TJRS, julgado em 15-09-1999.

mente às uniões informais entre duas pessoas, sejam de sexos diferentes, sejam do mesmo sexo, prenunciava-se a inclusão das uniões entre homossexuais ou lésbicas na categoria união estável, constitucionalmente prevista (para heterossexuais) desde o advento da Constituição Federal de 1988.

Definida a competência das Varas de Família para apreciar os pedidos de reconhecimento judicial das uniões entre pessoas do mesmo sexo, ficou delimitado o universo de magistrados habilitados a enfrentar o tema.

A etapa seguinte parecia ser a consolidação da jurisprudência no sentido de reconhecer às uniões entre pessoas do mesmo sexo os mesmos efeitos das uniões entre pessoas de sexos diferentes, tratando-as, todas, como uniões estáveis. Os fundamentos das decisões que definiram a competência das Varas de Família apontavam para esse rumo, na medida em que explicitavam uma defesa da igualdade de tratamento para todas as uniões, independentemente da orientação sexual de seus integrantes.

Todavia, ainda havia uma outra etapa a ser ultrapassada antes de se enfrentar a questão de fundo. Em oposição ao reconhecimento das uniões estáveis entre pessoas do mesmo sexo, passou-se a questionar[39] a possibilidade jurídica do pedido. Chamada de preliminar, visto que antecede o exame do mérito da causa propriamente dito, é o momento no qual o magistrado decide se o processo pode continuar ou deve ser extinto sem que se oportunize a instrução do feito, ou seja, sem que haja a coleta de provas (documentos e ouvida de testemunhas, por exemplo), a fim de que as partes busquem demonstrar o direito que entendem possuir.[40]

Em decisão unânime, do ano 2000, formulou-se a seguinte ementa, rechaçando a preliminar de impossibilidade jurídica do pedido:

HOMOSSEXUAIS. UNIÃO ESTÁVEL. POSSIBILIDADE JURÍDICA DO PEDIDO.
É possível o processamento e o reconhecimento da união estável entre homossexuais, ante princípios fundamentais insculpidos na Constituição Federal que ve-

---

[39] A resistência aos pedidos geralmente partia do representante do Ministério Público e, nos casos de habilitação de herdeiro para receber a herança do companheiro (do mesmo sexo) falecido, dos familiares deste.

[40] Conforme o artigo 267 do Código de Processo Civil, extingue-se o processo, sem resolução de mérito: (...) VI – quando não concorrer qualquer das condições da ação, como a possibilidade jurídica, a legitimidade das partes e o interesse processual;

dam qualquer forma de discriminação, inclusive quanto ao sexo, sendo descabida discriminação quanto à união homossexual. E é justamente agora, quando uma onda renovadora se estende pelo mundo, com reflexos acentuados em nosso país, destruindo preceitos arcaicos, modificando conceitos e impondo a serenidade científica da modernidade no trato das relações humanas, que as posições precisam ser marcadas e amadurecidas, para que os avanços não sofram retrocessos e para que as individualidades e coletividades possam andar seguras na tão almejada busca da felicidade, direito fundamental de todos. Sentença desconstituída para que seja instruído o feito. Apelação provida. [41]

A contundência do julgado certamente não impediu que novamente se levantasse a preliminar em processos versando sobre a mesma matéria. Embora superada a questão no âmbito do Tribunal gaúcho, decorridos sete anos desse julgado, continua havendo arguições preliminares no sentido da impossibilidade jurídica do pedido de reconhecimento de efeitos jurídicos às uniões estáveis entre pessoas do mesmo sexo.

Um outro aspecto que merece ser destacado diz respeito ao fato de que, ao estabelecer que é cabível o processamento de pedidos relativos à união estável entre pessoas do mesmo sexo, desde logo aponta a decisão para a possibilidade de reconhecimento, pelo Poder Judiciário, de efeitos jurídicos decorrentes dessa união homossexual.

Se por um lado o julgamento paradigmático não esgotou o debate acerca da questão preliminar, por outro foi decisivo para instalar o debate a respeito da questão de fundo. Isso porque, em grande medida, cristalizou os pontos controvertidos a serem enfrentados nos julgamentos futuros sobre o tema das uniões entre pessoas do mesmo sexo.

Por isso, interessa aqui examinar um ponto específico que foi levantado no acórdão, posto que passou a balizar os debates que se seguiram no enfrentamento desse tema pela magistratura gaúcha.

O caso concreto, segundo o relatório do acórdão, versava a respeito de um pedido de reconhecimento póstumo de uma união entre dois homens, cuja prova dos autos demonstrava terem convivido "por quatorze anos ininterruptos, publicamente, sem outra união paralela, com compromisso de fidelidade, mútua assistência,

---

[41] Apelação Cível nº 598362655, VIII Câmara Cível do TJRS, julgada em 01-03-2000. Decisão unânime.

manutenção e fortalecimento do patrimônio, visando certamente criar um núcleo familiar".

Estabelecidos os fatos que dão causa ao pedido, passou-se a examinar o direito a ser aplicado aos fatos, destacando o relator os dispositivos constitucionais que incidiam na hipótese, sustentando que os mesmos devem ser interpretados hierarquicamente:

> Com efeito, a Carta Magna traz como princípio *fundamental* da República Federativa do Brasil a construção de uma sociedade livre, justa e solidária (art. 3º, I) e a promoção do bem de todos, sem preconceitos de origem, raça, *sexo*, cor, idade e quaisquer outras formas de discriminação (art. 3º, IV).
> Como direito e garantia fundamental, dispõe a Constituição Federal que todos são iguais perante a lei, *sem distinção de qualquer natureza* (art. 5º, *caput*).
> Conforme ensinamento mais básico do Direito Constitucional, tais regras por retratarem princípios, direitos e garantias fundamentais, se sobrepõem a quaisquer outras, inclusive àquela insculpida no art. 226, § 3º, CF/88, que prevê o reconhecimento da união estável entre o *homem e a mulher*.
> Observe-se que antes mesmo da regulamentação e reconhecimento constitucional da união estável entre o homem e a mulher, sua existência já era reconhecida e declarada nos Pretórios, na relação concubinária.
> Não é preciso esperar a aprovação no Congresso Nacional do Projeto de lei nº 1.151/95, que disciplina a "parceria civil registrada entre pessoas do mesmo sexo", para reconhecer-se a possibilidade de reconhecimento da união estável entre homossexuais, porque, além dos dispositivos constitucionais elencados, nossa legislação permite que o juiz decida o caso de acordo com a analogia, os costumes e os princípios gerais do direito (art. 4º, da LICC).

Se nos julgamentos anteriores essas questões já haviam sido examinadas, ainda não estava sistematizado o enfrentamento do tema, que aparece aqui reunido, confrontando-se os pontos de vista e consagrando-se vencedora, à unanimidade, a tese da prevalência da dignidade da pessoa humana, conforme mais tarde seria explicitado em outros julgamentos do próprio TJRS.

Assim, diante da previsão do artigo 226 da Constituição Federal de 1988, que elevava a união estável à condição de entidade familiar com *status* constitucional, o debate direciona-se para a definição do que seja união estável e se a previsão constitucional da união estável heterossexual poderia ser aplicada às uniões *gays*.[42]

---

[42] O artigo 226 da Constituição Federal de 1988 estabelece: "A família, base da sociedade, tem especial proteção do Estado. (...) § 3º – Para efeito da proteção do Estado, é reconhecida a união estável entre o homem e a mulher como entidade familiar, devendo a lei facilitar sua conversão em casamento".

3.1.3. O paraíso do Direito de Família

Definida a competência das Varas de Família e superada a questão preliminar relativa à possibilidade jurídica do pedido, o que se seguiu foi um conjunto cada vez maior de decisões que asseguravam direitos decorrentes da convivência pública, contínua e duradoura, com o objetivo de constituir família formada por casais de homens *gays* ou mulheres lésbicas.

Como resultado dessa definição de entidade familiar, que habilitava a proteção estatal, aprofunda-se o debate jurídico sobre o conceito de família.[43] De um lado, a corrente progressista forçando a ampliação desse conceito, propondo que a noção de família contemple todas as conformações, sem distinção baseada na orientação sexual dos conviventes, considerando qualquer restrição como discriminatória. De outro, numa posição que pode ser considerada conservadora, surge uma postura que propõe a defesa da família heterossexual enquanto base da sociedade, afirmando – sem explicitar – que o reconhecimento de uniões entre pessoas do mesmo sexo constitui uma ameaça à família.

Ambas as correntes se valem da Constituição Federal para sustentar suas posições. A primeira, como já visto, buscando dar realce aos princípios, como o da dignidade da pessoa humana, que informam todo o texto constitucional e constituem o próprio fundamento da existência da República.

O interessante aqui é observar que a segunda corrente assume a defesa da família, abrigando-se no texto constitucional que refere a especial proteção do Estado direcionada à família enquanto base da sociedade, sem explicar (o que seria um pressuposto da postura adotada) no que consistiria a alegada ameaça à família e como ela se desenvolveria. Isto é, de que modo o reconhecimento de efeitos jurídicos às uniões entre pessoas do mesmo sexo colocaria em risco a instituição da família.

Ainda assim, o certo é que a corrente progressista detém uma maioria que, embora precária, tem assegurado o entendimento hoje predominante, no sentido de que as uniões *gays* merecem a prote-

---

[43] Após sucessivas regulamentações, mais ou menos abrangentes, porém todas exclusivamente voltadas para uniões entre pessoas de sexos diferentes, o Código Civil (reformado em 2003) definiu a união estável em seu artigo 1.723, estabelecendo que "É reconhecida como entidade familiar a união estável entre o homem e a mulher, configurada na convivência pública, contínua e duradoura e estabelecida com o objetivo de constituição de família".

ção do Estado, nos mesmos moldes que as uniões entre pessoas de sexos diferentes.

Prosseguindo no exame da linha argumentativa, discutem-se ainda alguns trechos representativos dos argumentos que têm assegurado essa posição majoritária àqueles que reconhecem a como legítima a conjugalidade *gay*.

Na linha argumentativa, destacam-se pelo menos nove linhas argumentativas em favor do reconhecimento das uniões *gays*:

1. O fato de que as uniões *gays* são uma realidade fática que não pode ser ignorada:

> De uma coisa não padece dúvida: as uniões homossexuais são uma realidade que o Direito não pode mais desconhecer.

2. A aplicação do princípio da igualdade, a qual assegura que todos são iguais perante a lei:

> Mas, o Direito evoluiu: veja-se que o que não se admitia exceto por construção da jurisprudência – como, por exemplo, a equiparação da união estável ao casamento – passou a ser matéria regulada na Constituição de 1988. Posta assim a questão, tem-se uma aparente antinomia de normas constitucionais. Se, de um lado, existe a limitação constitucional do art. 226, § 3º, de outro, abre-se o leque de liberdades individuais, fundamentada nos direitos essenciais do cidadão. E estes, a meu juízo, mostram-se mais importantes. É o que faço, substanciando a igualdade e a liberdade do cidadão acima de tudo.[44]

3. A função criadora dos magistrados como instrumento para assegurar os direitos fundamentais:

> A falta de previsão legal, por óbvio, não pode ser obstáculo. Aliás, essa é a função criadora do Juiz, que, tendo de solver as questões que lhe são trazidas, com a sensibilidade que seu mister exige, deve ver a realidade e posicionar-se, pois tem o compromisso de cumprir sua missão de fazer justiça.
> Não é repetindo as posturas conservadoras e preconceituosas da sociedade, não é deixando de ver o que está claro diante dos olhos que a Justiça conseguirá ser o grande agente transformador da sociedade.
> Se o fato *sub judice* se apresenta fora da normatização ordinária, a resposta precisa ser encontrada, não só na analogia, como ordena a lei civil, mas principalmente nos direitos e garantias fundamentais, que servem de base ao Estado Democrático de Direito.[45]

4. O rol elencado no artigo 226 da Constituição Federal seria meramente exemplificativo, não excluindo outras possibilidades:

---

[44] Embargos Infringentes nº 70003967676, IV Grupo Cível do TJRS, julgado em 09-05-2003.
[45] Idem.

Destarte, o *caput* do art. 226 é cláusula geral de inclusão, não sendo lícito excluir qualquer entidade que preencha os requisitos da afetividade, estabilidade e notoriedade, sendo as famílias ali arroladas meramente exemplificativas, embora as mais comuns.

5. A aplicação do princípio da analogia, buscando no instituto jurídico mais assemelhado, no caso a união estável (heterossexual), a adequação da situação fática (união *gay*) não prevista em lei:

> Destarte, a solução dos relacionamentos homossexuais só pode encontrar subsídios na instituição com que guarda semelhanças, que é a família, calcada na solidariedade, enquadrando a que se forma pelo casamento como a que se estrutura pela união estável.[46]

6. A ausência de qualquer norma proibitiva da conduta homossexual no ordenamento jurídico brasileiro:

> Ocorre que, em todo o ordenamento jurídico, não se encontra um dispositivo legal proibindo seja a relação afetiva homossexual seja a proibição de que o Juiz retire efeito das relações homossexuais.[47]

7. Aplicação do princípio constitucional da não discriminação:

> É certo que a Constituição Federal, consagrando princípios democráticos de direito, proíbe qualquer espécie de discriminação, principalmente quanto a sexo, sendo incabível, pois, discriminação quanto à união homossexual.[48]

8. Aplicação do princípio constitucional da dignidade da pessoa humana:

> Acho que é preciso dizer: o homossexual é pessoa. E como tal merece a proteção que a ordem jurídica confere aos heterossexuais em situações análogas. As decisões que têm entendido pela aplicação das regras da união estável às relações homoafetivas impedem a segregação da homossexualidade baseada no primado da dignidade da pessoa humana e no direito de cada um ser aquilo que deseja ser.[49]

9. A evolução da jurisprudência:

> O tratamento analógico das uniões homossexuais como entidades familiares segue a evolução jurisprudencial iniciada em meados do séc. XIX no direito francês, que culminou no reconhecimento da sociedade de fato nas formações familiares entre homem e mulher não vinculados pelo casamento. Houve resistências inicialmente?

---

[46] Embargos Infringentes nº 70003967676, IV Grupo Cível do TJRS, julgado em 09-05-2003.

[47] Embargos Infringentes nº 70003967676, IV Grupo Cível do TJRS, julgado em 09-05-2003.

[48] Apelação Cível nº 70006542377, VIII Câmara Cível do TJRS, julgado em 11-09-2003. Decisão unânime.

[49] Apelação Cível nº 70006542377, VIII Câmara Cível do TJRS, julgado em 11-09-2003.

Claro que sim, como as há agora em relação às uniões entre pessoas do mesmo sexo.[50]

Uma observação importante mostra a posição da magistratura gaúcha acerca do tema das uniões *gays*, a qual diz respeito ao fato de que não apenas se consolida a posição das Câmaras do Tribunal, mas também nas decisões da magistratura de primeiro grau prevalece o entendimento da viabilidade do reconhecimento de efeitos jurídicos às uniões *gays*.

Reconhecida em todo o país, essa jurisprudência pioneira ainda está circunscrita ao Rio Grande do Sul, não obstante proliferem decisões nesse sentido por outros estados da Federação. O diferencial é o fato de que no TJRS esse entendimento está consagrado na jurisprudência, enquanto em outros estados se trata de posições minoritárias.

O reconhecimento do pioneirismo do TJRS vem de fora do estado e se manifesta de muitas formas, como já apresentado. Exemplo bastante ilustrativo aconteceu no I Congresso de Direito de Família do Mercosul, realizado em Porto Alegre, quando o Presidente do Instituto Brasileiro de Direito de Família, IBDFAM, Rodrigo Pereira, advogado em Minas Gerais, ao iniciar a sua conferência, afirmou "encontro-me, aqui, no paraíso do Direito de Família", justificando sua afirmação em face da reconhecida vanguarda da magistratura gaúcha nesse campo específico do Direito.

Se até aqui as referências estiveram centradas nos julgamentos realizados no segundo grau de jurisdição (do TJRS) convém esclarecer que o mérito pelos avanços conquistados em matéria de cidadania sexual não se limita ao trabalho realizado pelos Desembargadores. A pesquisa esteve focada nesse acervo em virtude das razões já mencionadas no capítulo metodológico. Contudo, poder-se-á aqui referir algumas peculiaridades que contribuem para compreender a dinâmica da construção jurisprudencial.

Ocorre que muitas das decisões examinadas confirmaram as sentenças de primeiro grau, revelando que já na Comarca de origem o juiz ou juíza havia alcançado à parte o direito pretendido, o que tem especial significado, quando se observa que o contrário também ocorreu em alguns casos. Ou seja, houve também algumas demandas em que na Comarca de primeiro grau havia sido defe-

---

[50] Apelação Cível nº 70015169626, VII Câmara Cível do TJRS, julgado em 02-08-2006.

rida a pretensão, porém, no TJRS, a sentença foi reformada, sendo negado o direito buscado pela parte.

Como o presente trabalho não guarda pretensões quantitativas, fica o registro apenas para que se compreenda que a criação da jurisprudência não se restringe exclusivamente à produção intelectual de Desembargadores, visto que muitas vezes a tese originalmente proposta pelo juiz de primeiro grau encontra-se acolhida (e enriquecida) no debate ocorrido no segundo grau.

O próprio ajuizamento da ação é uma expressão de cidadania, necessitando de pessoas dispostas a provocar o Poder Judiciário, através de um advogado, uma vez que somente assim fica a magistratura habilitada a dar uma resposta a um caso concreto.

Conforme será visto adiante, não é caso de considerar encerrada a questão das conquistas ainda necessárias no âmbito da proteção dos direitos de *gays* e lésbicas na esfera de relacionamentos afetivo-sexuais, nem parece ter sido esse o propósito da medida administrativa.

3.2. Magistratura e Laicidade

A atuação dos magistrados pautada por suas concepções religiosas pode impactar a vida das pessoas. Como evitar que o Estado (seja por meio do governante, legislador ou magistrado) imponha uma determinada crença religiosa a alguém? Como evitar esse tipo de violação das liberdades laicas?

Entidades como a Associação Brasileira dos Magistrados Espíritas (ABRAME) ou a Associação dos Juristas Católicos, que parecem guardar similaridade com as bancadas religiosas presentes no Poder Legislativo, têm ou devem ter influência sobre as decisões dos Juízes e Tribunais do país? A isso se destinam?

3.2.1. A posição minoritária na jurisprudência do TJRS

Passarei agora a apresentar a posição minoritária na jurisprudência do TJRS, visando identificar um conjunto de argumentos cuja utilização pelo Poder Judiciário pode ser questionada.

Num primeiro tópico, serão apresentados os argumentos religiosos utilizados em voto vencido num julgamento do TJRS. A partir da análise da fundamentação empregada nesse voto, questiona-se – à luz da laicidade – a utilização de argumentos de natureza religiosa em decisões judiciais.

O primeiro diz respeito ao recorrente argumento da vinculação entre o casamento (ou união civil) e a procriação, adotando-se uma naturalização da família que se harmoniza à doutrina católica.

Por fim, enfrenta-se o discurso homofóbico presente no voto vencido nessa decisão paradigmática, expondo a contradição entre o discurso jurídico-religioso e uma aplicação laica da legislação secular vigente.

3.2.2. Dogmas religiosos impostos pelo Estado-juiz?

O questionamento se as uniões *gays* constituem ou não uma entidade familiar determinou o aprofundamento do debate e, consequentemente, as decisões tornaram-se mais elaboradas e complexas. Preenchendo de 02 a 04 laudas nos primeiros votos, ainda no ano de 1999, já em 2001 algumas decisões contêm votos de mais de 30 laudas.

Também se pode perceber uma modificação entre as primeiras objeções, calcadas na falta de previsão legal, para a longa fundamentação que se seguiria, enfrentando o tema sob a perspectiva da concepção de família, a fim de negar tal essência aos relacionamentos entre pessoas do mesmo sexo.

Exemplo dessa primeira modalidade é o voto no qual, após discorrer sobre o que seja uma união estável e a previsão constitucional de sua conversão em casamento, o magistrado afirma "Significa, pois, que um par homossexual não pode se casar, porque no ordenamento jurídico brasileiro, ainda, não está regulado o casamento de homossexuais".[51]

Essa posição, que se transformaria depois na corrente vencida no conjunto da jurisprudência do TJRS, passa a agregar referências explícitas aos valores da família como argumento para não alcançar igualdade de tratamento aos relacionamentos afetivo-sexuais mantidos por *gays* ou lésbicas.

Entretanto, o início da resistência ao reconhecimento das uniões *gays* com base na proteção da família pode ser identificado em decisão no ano de 2000, num voto de 10 laudas. Trata-se do pri-

---
[51] Agravo de Instrumento nº 70000535542, VII Câmara Cível, julgado em 13-04-2000.

meiro voto mais elaborado em sentido contrário ao reconhecimento das uniões entre pessoas do mesmo sexo. Em uma introdução de 02 laudas, é ressaltada a liberdade individual relacionada à identidade de gênero:

> Penso que a questão da homossexualidade deve ser vista hoje com desassombro e, sobretudo, com coragem.
> (...)
> A sociedade vai olhando os fatos com o colorido e o contorno que ele efetivamente se apresenta, sem a máscara hipócrita que transformava o fato real em invisível e alvo de prévia, imposta e artificial censura.
> É momento de se perceber que a dignidade de uma pessoa não está atrelada à sua orientação sexual, e que cada qual pode livremente exercitar a sua sexualidade, externando comportamento compatível com a sua maneira de ser, respeitados, obviamente, os limites da privacidade de cada um.
> Não se pode mais ficar adstrito aos antigos paradigmas que ditavam as condutas sociais, como se a sexualidade humana fosse linear e coubesse nos estreitos limites de gênero homem e mulher. Ao lado dessa dualidade, é preciso considerar que existem outros critérios respeitáveis para identificar a sexualidade de uma pessoa. A orientação homossexual não é uma aberração, senão uma definição individual vinculada a apelos próprios, físicos ou emocionais. Há que se respeitar o sentimento de cada um, a busca da realização de cada pessoa, que deve encontrar espaço para integração ao grupo social a que pertence, sem discriminações.

Contudo, após essa introdução, que poderia sugerir uma postura de reconhecimento de igualdade de tratamento, a fundamentação direciona-se para a busca de um conceito de família, afirmando que a "família é um fenômeno natural e que prescinde de toda e qualquer convenção social...". Segue-se uma análise histórica evolucionista, referindo os estágios da promiscuidade, poligamia e monogamia.[52]

---

[52] A tese que embasa a posição referida no acórdão está superada nas Ciências Sociais, como se vê em Engels: "Reconstituindo retrospectivamente a história da família, Morgan chega, de acordo com a maioria de seus colegas, à conclusão de que existiu uma época primitiva em que imperava, no seio da tribo, o comércio sexual promíscuo, de modo que cada mulher pertencia igualmente a todos os homens e cada homem a todas as mulheres. Sabemos hoje que os vestígios descobertos por ele não conduzem a nenhum estado social de promiscuidade dos sexos e sim a uma forma muito posterior: o matrimônio por grupos. Aquele estado social primitivo, admitindo-se que tenha realmente existido, pertence a uma época tão remota que não podemos esperar encontrar provas diretas de sua existência, nem mesmo entre os fósseis sociais, nos selvagens mais atrasados" (Engels, 2000: 31-32). No mesmo sentido, dentre tantos outros autores, pode-se referir o trecho a seguir, dada sua precisão para enfrentar concisamente a hipótese da evolução da família de uma forma primitiva promíscua até a monogamia: "Depois da constatação feita por Morgan que, em numerosas sociedades, homens e mulheres consideravam-se 'irmãos e irmãs', surgira, como se disse, a hipótese da 'promis-

Para os objetivos deste trabalho, importa destacar especialmente os fundamentos vinculados a uma concepção religiosa de família. Nesse sentido, merece referência outro trecho do voto, o qual se dirige, explicitamente, para a doutrina católica:

> A própria Igreja, que inspirou as relações de família, no mundo ocidental, a partir de normas do Direito Canônico, estabeleceu até punições severas, sempre buscando a monogamia a fim de manter a ordem e a estabilidade dos organismos familiares, com vistas à definição de uma sociedade organizada. É que a família era, também pra a Igreja, a célula básica.

Constata-se, assim, uma reverência aos valores religiosos, na medida em que são assumidos (sem qualquer ressalva crítica) os valores ditados pela Igreja Católica como sendo valores positivos, os quais, por isso mesmo, deveriam ser aceitos e aplicados no direito secular – inclusive atualmente.

Evidentemente que essa primeira referência explicitada ao acatamento dos dogmas católicos implica no reconhecimento de outros valores religiosos, como se depreende de outros pontos do voto, de que é exemplo o seguinte trecho:

> Então, como se infere, a idéia de família sempre esteve voltada para um ambiente ético por excelência, onde a função procriativa pudesse se exercer e a prole pudesse se desenvolver de forma natural e segura. (...).
> Hoje, pois, temos o império da família monogâmica, mas vista agora no limiar desse novo século até com certo desprezo, tantos são os apelos para a retomada da promiscuidade sexual. (...).
> Os meios de comunicação transformaram o mundo numa aldeia global – pena que a expressão aldeia global não signifique um intercâmbio cultural, uma aproximação entre os povos baseada em valores espirituais e morais mais saudáveis, na medida em que o homem parece que retorna àquele estágio inicial de promiscuidade, mais impelidos pelos impulsos carnais do que afetivos. E a expressão aldeia parece que se amolda mesmo, pois os homens, às vezes, estabelecem comportamentos primitivos... (...).
> Fiz essas colocações para dizer que tenho a família como sendo um grupo afetivo e cooperação social acima de tudo, mas não consigo desvincular, ainda, a idéia de família da idéia de prole, não consigo desvincular a idéia de família como sendo aquele ambiente próprio para receber uma prole, natural ou adotiva, e onde, em verdade, deve ser formado o novo cidadão. A família é isso, e, portanto, muito mais do que uma relação de afeto. (...)

---

cuidade primitiva' (...) Os fatos não corroboraram estas suposições. As sociedades menos desenvolvidas tecnologicamente (como as dos aborígenes da Austrália) são, muitas vezes, as que apresentam os sistemas de aliança mais complexos" (Laburthe-Tolra, 1999: 79).

> Não pretendo fazer censura alguma enquanto operador do Direito. Mas não me parece que, a *priori*, seja este o ambiente ideal aonde uma criança deve-se desenvolver.[53]

Nesse sentido, percebe-se que o voto foi muito além da questão dos alimentos que estavam sendo postulados pela autora da ação frente à sua ex-companheira, cujo indeferimento no Juízo de primeiro grau ensejou a interposição de agravo de instrumento ao TJRS. Ao se manifestar sobre o pedido liminar que havia sido indeferido no primeiro grau, o relator desse acórdão lançou as bases da fundamentação que ainda hoje está sendo utilizada por aqueles que se filiaram a essa corrente de pensamento.

Justamente pela natureza da fundamentação, reveladora de uma adesão irrestrita a valores religiosos, cuja concepção de família apresentada traduz a doutrina da Igreja Católica, revela-se necessária uma detida análise dos argumentos utilizados, procurando identificar aqueles cuja base é de ordem religiosa, como se verá adiante.

Essa linha argumentativa ganha importante adesão em decisão de 2001[54], quando, no voto vencedor, o relator, enfrentando o tema pela primeira vez, afirma:

> Reconheço que no mundo existem legislações diferentes das nossas e, em alguns países, parece que se permite a possibilidade de adoção por casal de homossexuais.
> Em contrapartida também existem países onde as Cartas Magnas autorizam o casamento de um homem com várias mulheres. Em vista disso alguém talvez poderá argumentar que julgado "avançado" seria aquele que reconhecesse a possibilidade de entidade familiar composta de um homem e diversas mulheres. (...)
> Claro que não pode haver discriminação de sexo, é evidente, e o voto está muito bem redigido, com argumentos que impressionam, mas não vislumbro a supremacia da norma constitucional que diz que não pode haver essa distinção sobre a definição da união estável.
> Da leitura integral da Carta Magna conclui-se que o constituinte defendeu a família, que é a base da sociedade.
> Não se está discriminando, só se está afirmando que a união estável, de acordo com a Constituição, só existe entre pessoas de sexos distintos. Ademais, a Constituição tem que ser interpretada globalmente. (...)
> Se eu fosse constituinte até poderia discutir em colocar no art. 226, § 3º, uma emenda ou uma explicitação. Relembro, todavia, que o juiz não é onipotente, e não

---

[53] Agravo de Instrumento nº 70000535542, VII Câmara Cível, julgado em 13-04-2000.
[54] Apelação Cível nº 599348562, VII Câmara Cível, julgada em 11-10-2001.

pode avançar de acordo com o que ele acha. Na hipótese em julgamento, temos regras específicas da Constituição.

Novamente, argumentos relativos à defesa da família, servem de base da decisão, numa fundamentação que transita da questão formal da falta de previsão legal, à resistência de ordem moral ao traçar um paralelo – inexistente – entre as uniões *gays* e a poligamia, fazendo eco ao imaginário do senso comum que atrela homossexualidade a promiscuidade.[55]

O argumento, de resto, fica incompleto, quando lança uma advertência vazia sobre a "ameaça" representada pelas uniões *gays* à família. A relevância dessa questão está em que a exigência constitucional de que as decisões judiciais sejam fundamentadas abrange a natureza mesma dessa fundamentação, vedando que se utilizem argumentos de crença religiosa, visto que a fé não pode ser imposta através do Poder Judiciário, sob pena de violação da separação entre Estado e Igreja (artigo 19, inciso I) e da liberdade de consciência (artigo 5º, inciso VI), asseguradas na Constituição Federal.[56]

Além disso, o resultado da presente análise sugere que a utilização de argumentos calcados na crença religiosa vem em detrimento de uma análise mais completa do ordenamento jurídico brasileiro, chegando-se mesmo ao equívoco de utilizar "os costumes" para tratar fatos sociais que estão juridicamente regrados, como se fossem casos onde a lacuna jurídica autorizasse o magistrado a buscar fontes secundárias para a aplicação do Direito no caso concreto.

Chega-se mesmo a utilizar como justificativa para negar o acesso à cidadania o fato de que ainda existem pessoas homofóbicas no Brasil, numa absurda subversão de valores, violadora de princípios constitucionais basilares da República.

---

[55] Importante notar que o fato de ser casado constitui impedimento para o casamento, conforme artigo 1.521 do Código Civil, o qual não faz qualquer restrição ao casamento entre pessoas do mesmo sexo.

[56] Ao enfrentar o tema da influência religiosa nas decisões judiciais, proponho "que os juízes são profundamente afetados por sua visão de mundo" (Portanova, 1992: 16) e que "O juiz que não tem valores e diz que o seu julgamento é neutro, na verdade, está assumindo valores de conservação. O juiz sempre tem valores. Toda sentença é marcada por valores. O juiz tem que ter a sinceridade de reconhecer a impossibilidade de sentença neutra" (Portanova, 1992: 74). Este esclarecimento é importante, para esclarecer que não é apenas o juiz progressista que tem uma postura "ideológica", o juiz retrógrado também está a serviço de uma ideologia, geralmente não mencionada.

A fim de verificar a incidência de influência religiosa nas razões de decidir dos julgadores, será apresentado um estudo de caso, relativamente à natureza dos argumentos utilizados por ocasião do julgamento de um pedido de reconhecimento de união estável entre dois homens.

Tratando-se de um acórdão que julgou procedente o pedido inicial, torna-se interessante, para os objetivos deste trabalho, examinar os argumentos vencidos, os quais se revelam particularmente importantes, justificando-se o seu exame de modo mais aprofundado. Acredito que se trate de um acórdão cuja posição vencida é representativa de uma categoria de pensamento que, como pretendo demonstrar adiante, está atrelada a valores religiosos, os quais, por isso mesmo, não deveriam informar as decisões judiciais, a menos que se admita a imposição de uma crença religiosa através das decisões do Poder Judiciário.

Oportuno referir que não se almeja afirmar que esses argumentos que serão examinados foram, por si só, responsáveis pela posição adotada nos votos vencidos. O que se pretende, nos estreitos limites deste trabalho, é verificar se tais argumentos são de caráter laico ou religioso e, consequentemente, se podem (ou não) integrar os fundamentos de uma decisão judicial. Transcrevo, a seguir, parte dos argumentos utilizados por aqueles que ficaram vencidos no resultado final do julgamento (cuja extensão justifica-se para uma correta compreensão da fundamentação):

> Ora, a família é um fenômeno natural e que prescinde de toda e qualquer convenção formal ou social, embora não se possa ignorar que foram as exigências da própria natureza e da própria sociedade acatando os apelos naturais, que se encarregou de delinear e formatar esse ente social que é a base da estrutura de toda e qualquer sociedade organizada.
> Toda e qualquer noção de família passa, necessariamente, pela idéia de uma prole, e foi a partir dessa noção que se estruturou progressivamente esse grupamento social, em todos os povos e em todas as épocas da história da humanidade. (...)
> A sociedade foi evoluindo até chegar à monogamia, como ocorre no mundo moderno e, particularmente, no mundo ocidental (...)
> A própria união de um homem e uma mulher não casados deve ser examinada restritivamente, porque ela é excepcional. (...)
> É que a lei diz que a família inicia com o casamento, e quando o legislador constituinte disse que "para efeito de proteção do Estado, é reconhecida a união estável (...)" e "*entende-se, também*, (...) a comunidade formada por qualquer dos pais e seus descendentes", está excepcionando a regra geral de que a família começa

com o casamento. E não se pode, por princípio elementar de hermenêutica, interpretar ampliativamente a exceção.
E entendo que constitui até uma heresia, data máxima vênia, dizer que tal forma de união possa ser considerada base da sociedade.(...)
Se o possível casamento entre dois homens constitui casamento inexistente pela ausência de um dos pressupostos materiais (condição de existência), não se pode considerar como união estável a união entre dois homens ou homossexuais. (...)
E não se pode admitir que uma união homossexual seja tratada com a dignidade de uma instituição que é a própria base da sociedade, que é a família, fonte geradora de princípios e da moral que deve nortear as relações interpessoais. (...)
Ora, os costumes vigentes no país ainda abominam o relacionamento homossexual, tratando não raro, de forma preconceituosa, com escárnio, com desrespeito, visto como uma doença ou, mesmo, com uma situação de imoralidade. (...)
Portanto, constitui uma afronta aos costumes admitir que a união homossexual possa ser erigida à categoria de entidade familiar e ser contemplada com os direitos postos na lei destinados a assegurar a 'especial proteção do Estado', tal como ocorre na união estável".
Mas nem toda a relação amorosa constitui família e, no caso de homossexuais, a lei não permite a adoção de filhos, nem existe qualquer razão para que se estabeleça a priori um regime de bens para reger tais relações.
Finalmente, quero lembrar que o princípio constitucional de igualdade entre as pessoas, vedando discriminações, e, por extensão, também as decorrentes da orientação sexual, deve ser focalizado em consonância com os demais preceitos constitucionais.
Não se pode ignorar os valores e as instituições que a própria Carta Magna cuidou em preservar para que se possa ter uma sociedade mais equilibrada e saudável.
A família é protegida pelo Estado por ser a própria base da sociedade, cuidando o Estado para que nela se efetive o fenômeno natural da procriação.[57]

Nessa lógica, passarei a analisar a linha argumentativa desenvolvida pelos defensores da posição supra transcrita, sob quatro enfoques, a saber: a) concepção de família utilizada, onde demonstrarei quão questionável é a noção de família utilizada no argumento, especialmente quanto à ideia de uma sucessão dos modos de arranjos familiares até se atingir um modelo atual de caráter universalista, equívoco que resulta de uma visão evolucionista vigente no século XIX, atualmente superada enquanto corrente do pensamento antropológico; b) utilização da noção de casamento instituição des-

---

[57] A transcrição integral do acórdão nº 70011120573/2005 não seria viável no corpo do trabalho. Assim, com o intuito de proporcionar ao leitor uma visão do conjunto dos argumentos, para que possa aferir se a presente análise examina algum argumento fora do contexto em que foi utilizado, indico a leitura de todo o conteúdo do documento, que se encontra disponibilizado no sítio do Tribunal de Justiça do Rio Grande do Sul, www.tj.rs.gov.br e pode ser acessado, buscando-se pelo número do acórdão, no link de jurisprudência.

tinada à procriação, numa interpretação descolada do Código Civil e atrelada à concepção sacralizada de casamento estabelecida no Código Canônico; c) desconsideração dos saberes produzidos pela Medicina, Psicologia e Antropologia, para, reproduzindo a doutrina da Santa Sé, considerar a homossexualidade como uma patologia; d) não aplicação de diversos dispositivos da legislação brasileira, a qual protege juridicamente as manifestações afetivo-sexuais entre pessoas do mesmo sexo, para reproduzir o senso comum homofóbico contido nos textos produzidos pela Santa Sé sobre a questão das uniões entre pessoas do mesmo sexo.

O primeiro aspecto a ser considerado na presente análise diz respeito ao fenômeno da naturalização da família, principal estratégia utilizada pelo pensamento religioso no debate acerca das questões de cidadania e sexualidade.[58]

A fim de que se possa compreender a pertinência dessa discussão – cidadania sexual e liberdades laicas – para refletir sobre a aplicação do Direito de Família, aborda-se Danièle Hervieu-Léger, para afirmar que:

> Modernamente, operou-se a separação – face às novas técnicas anticoncepcionais e modernas tecnologias reprodutivas – entre casamento e procriação. A partir de então, impõe-se relativizar os conceitos de 'casal', 'casamento' e 'família', fazendo com que se perceba mais claramente a 'família natural' como o que ela realmente é: uma construção social, política, histórica e cultural (Hervieu-Léger, 2003: 5).

No mesmo sentido, Laburthe-Tolra refere a leitura da natureza informada pela cultura, quando destaca que os fatos biológicos moldam o parentesco humano. Relações sexuais, gestação, parto, infância, falecimento. Tais fatos da natureza são culturalmente interpretados por cada cultura (Laburthe-Tolra, 1999: 78).

A importância de se perceber a multiplicidade de possibilidades de organizações familiares favorece a compreensão de que não se está diante de uma "família natural". No dizer de Laburthe-Tolra: "As tradições de certas sociedades colocam particularmente em evidência o aspecto cultural, o lado artificial e construído da união matrimonial" (Laburthe-Tolra, 1999: 93).

---

[58] Especificamente para o caso brasileiro, dentre outros textos ligados diretamente ao tema, cito: "Família, Mulher e Sexualidade na Igreja do Brasil" (Azzi, 1993); "As atitudes da Igreja em face da mulher no Brasil Colônia" (Priore, 1993); "Evolução Histórica da Família Brasileira" (Viana, 2000); e "Repensando a Família Patriarcal Brasileira" (Corrêa, 1994).

Nesse sentido, revela-se ainda necessário o ensinamento de Lévi-Strauss: Assim, pois, começa-se a ver que o problema da família não deve ser visto de uma maneira dogmática (...) ao considerarmos a grande diversificação das sociedades humanas que têm sido observadas desde o tempo de Heródoto, por exemplo, até os nossos dias, a única coisa que se pode dizer é que a família conjugal monogâmica é relativamente freqüente. Outrossim, os poucos exemplos de família não-conjugal, (mesmo nas formas poligâmicas) estabelecem de modo irretorquível que a elevada freqüência do grupamento social do tipo conjugal não decorre de uma necessidade universal (Lévi-Strauss, 1956: 314).

Percebe-se, assim, quão questionável é a noção de família calcada na natureza, decorrente de uma visão evolucionista, com propensão ao determinismo biológico, produtora de uma noção de família com um sentido "natural", conforme afirmado na fundamentação ora examinada e que deixa de contemplar a diversidade de modelos familiares que sempre existiram (Leach, 1982: 16-17; Comaroff, 1992: 3-7; Corrêa, 1994; Viana, 2000; Brauner, 2004; Heilborn, 2004; e Therborn, 2006).

Prosseguindo-se com a tarefa de pensar a naturalização da família, é útil buscar o enfoque filosófico. No dizer de Martha Nussbaum (2001): "Argumentar em termos de 'família natural' é um forma de argumento escorregadio, posto que o termo 'natural' está longe de ser unívoco. Ao se afirmar uma relação R é 'natural', é provável que se esteja recorrendo a uma, dentre quatro alternativas: 1. biologia: R é baseada num dom inato, numa tendência; 2. tradição: R é o único modo que nós conhecemos, as coisas sempre foram desse modo; 3. necessidade: R é o único modo possível, as coisas não podem ser de outro modo; 4. norma: R é o certo e o apropriado, o modo como as coisas deveriam ser".

Argumentos baseados no "natural" frequentemente deslizam entre essas diferentes proposições, sem qualquer argumentação. Por certo que nenhuma dessas inferências é legítima: os costumes não estão fundados na biologia, e nossa limitação em conceber outros modos de convivência pode estar mais ligada à falta de imaginação do que a uma herança que justificasse a impossibilidade de modos alternativos. Claramente, a longevidade de um costume não demonstra que o mesmo é correto (Nussbaum, 2001: 254).

Compreende-se, assim, que a utilização de argumentos deterministas, cujo uso tem sido recorrente por aqueles que defendem uma "naturalidade" da família, não resistem a uma análise adequada, revelando-se insustentáveis enquanto obstáculo à democratização do acesso ao casamento.

Prosseguindo-se na questão do Direito de Família, examinemos justamente o que seja uma família nos termos da Constituição Federal de 1988, a qual, em seu artigo 226, estabelece que "A família, base da sociedade, tem especial proteção do Estado". Percebe-se que a discussão tem início exatamente na conceituação do que venha a ser uma família.

Com a finalidade de enfrentar uma discussão desse relevo, um primeiro passo indispensável é se afastar de visões dogmáticas, visto que a imensa variedade de arranjos familiares inviabiliza que se proponha um modelo familiar padrão. Mesmo o casamento ou a monogamia são ocorrências que não se mostram padronizadas, A existência de famílias não baseadas em casamentos encarrega-se de impor a relativização de uma pretensão no sentido de apontar uma família modelar, posto que sequer a monogamia está inscrita na natureza humana. Quando razões de ordem econômica, social e moral religiosa impõe a monogamia, o que se vê, na prática, é uma extensa variedade de infrações a essas regras. Seja pelo sexo pré-marital, com liberdades aos solteiros, pelo adultério, ou até mesmo através da prostituição.

Como salienta Lévi-Strauss:

> No decurso dos séculos acostumamo-nos à moralidade cristã que considera o casamento e a constituição da família como os únicos meios de evitar que a satisfação sexual seja pecaminosa. Essa associação tem sido observada em outras partes, em alguns casos esparsos; mas não é, de modo algum, freqüente. Entre a maioria dos povos, o casamento pouco ou nada tem a ver com a satisfação sexual, de vez que a estrutura social proporciona várias oportunidades para isto, as quais podem ser não só externas ao casamento, mas até contrárias ao mesmo (Lévi-Strauss, 1956: 322).

Quando pensamos a família como uma instituição cujos arranjos admitem variações extremamente diversificadas, passamos a perceber mais facilmente como as legislações modelam (artificialmente) os vínculos familiares. O interessante é que eventuais alterações são assimiladas de forma tão rápida que deixam evidente a naturalização que acompanha tal processo.

Através de um exemplo recente, podemos melhor visualizar esses acontecimentos. Na legislação brasileira que vigia na década de 70 (século XX), os filhos havidos fora do casamento não podiam ajuizar demandas para serem reconhecidos por seus pais. Essa possibilidade – ingressar em Juízo contra seus pais biológicos para obter o reconhecimento judicial desse status – era considerada ofensiva à família e potencial causadora da destruição familiar. Apenas nos primeiros anos da década de 80, a jurisprudência modificou tal situação, sendo logo depois alterada a legislação.

Àquele que viesse a ser concebido fora da relação conjugal era negado o *status* de filho, com o intuito de proteger a instituição da família. Não se ignorava sua condição de possível filho biológico, sangue do sangue, entretanto era-lhe negada a possibilidade de obter esse reconhecimento social e jurídico. O critério da consanguinidade cedia às conveniências sociais da época, com nítido matiz patriarcal.

Na década seguinte, surge o exame do DNA como grande ferramenta para apontar a certeza da parentalidade. Essa tecnologia hoje disponível, contudo, seria ineficaz para estabelecer o vínculo parental entre os filhos havidos fora do casamento e seus pais na década de 70. A cultura, não a natureza, é que dita os contornos da família.

Se, a partir da década de 90, o exame de DNA passou a reinar absoluto, e tem sido utilizado massivamente para revelar paternidades indesejadas, poderíamos afirmar que o aspecto biológico hoje impera absoluto para a definição dos contornos familiares? A resposta, necessariamente, é negativa. Se verificarmos a jurisprudência, vamos encontrar um número crescente de decisões reconhecendo a parentalidade socioafetiva, decorrente das ligações afetivas entre pessoas que apesar de não terem consanguinidade, têm sido reconhecidas como parentes entre si. Do mesmo modo, a adoção, que até a Constituição de 1988 contemplava distintos graus, passou a ser única, na modalidade plena, com vedação de qualquer distinção entre filhos.

Conclui-se, desses exemplos, que as relações familiares são dinâmicas, variando de sociedade para sociedade e, dentro de uma mesma cultura, de uma época para outra (Lévi-Strauss, 1956: 332). Afirmar que "leis biológicas" impõem alguma forma de família natural seria desconsiderar as evidências cotidianas de que os arranjos familiares são da ordem do social.

Conforme estudamos a família e o casamento, podemos afirmar que ambas as instituições estão conformadas por regras sociais, as quais podem ser não apenas distintas, mas eventualmente antagônicas, determinando compreensões absolutamente incompatíveis entre si. Por exemplo, "aqui a virgindade da moça deve ser conservada e comprovada na noite de núpcias, ali ela só poderá se casar se uma maternidade anterior comprovou a sua fecundidade" (Laburthe-Tolra, 1999: 81).

No caso brasileiro, o próprio Estatuto da Criança e do Adolescente (ECA) define no artigo 25 o que seja a família natural: "Entende-se por família natural a comunidade formada pelos pais ou qualquer deles e seus descendentes". Vê-se que há definição "legal" do que seja "natural".

Poder-se-á então afirmar que a naturalização limita a criatividade, restringindo a capacidade de pensar em modalidades outras de família, que não necessariamente correspondam àquela a que induz uma formação jurídica de natureza conservadora. A importância de desconstruir a noção de família naturalizada permite dar um primeiro passo no sentido de admitir a existência de uma extensa variedade de conformações familiares, que não necessariamente correspondem ao nosso imaginário.

3.2.3. Casar para procriar

Quanto à ideia de casamento[59] estar necessariamente associado à vontade de ter filhos, é preciso ressaltar que não há qualquer sustentação jurídica para essa afirmação. Em primeiro lugar, fertilidade não é condição para o casamento, bastando, para chegar a tal conclusão, que se examine os dispositivos legais pertinentes, a começar pelo artigo 1.511 do Código Civil, que define o casamento nos seguintes termos: "O casamento estabelece comunhão plena de vida, com base na igualdade de direitos e deveres dos cônjuges", não trazendo qualquer menção à intenção de procriar.

> Limitar o enfrentamento do tema à letra fria da lei que menciona explicitamente apenas o casal heterossexual não é suficiente porque não aprofunda o debate sobre o tema, esgotando-se num mero enfrentamento formal. Conforme já tive oportunidade de demonstrar, "o instituto do casamento, como regulado no ordenamento jurídi-

---

[59] Assumindo-se, como proposto pela posição vencida, que a família se inicia pelo casamento, não faria sentido que as exigências para a união estável ultrapassassem aquelas inerentes ao próprio casamento. Por essa razão, referir-se diretamente ao instituto do casamento tem por objetivo facilitar a compreensão do quanto está desamparada a tese adotada por aqueles que sustentaram a tese vencida.

co brasileiro, é passível de ser acessado por todas as pessoas, independentemente de sua orientação sexual" (Lorea, 2005: 31).

É dizer, tanto as pessoas estéreis ou mulheres que já atingiram a menopausa podem se casar, quanto podem permanecer casadas aquelas cujos filhos já são adultos e constituíram novas famílias.

Mesmo que fosse exigível a procriação como requisito para se ter o direito de casar (aqui no sentido amplo de constituir família), ainda assim seria equivocada a premissa do argumento que aponta tal exigência como um obstáculo ao casamento entre pessoas do mesmo sexo, uma vez que se restringe (sem qualquer justificativa) à hipótese de filiação biológica. Como esclarece Françoise Héritier:

> Não existem, até nossos dias, sociedades humanas que sejam fundadas unicamente sobre a simples consideração da procriação biológica ou que lhe tenham atribuído a mesma importância que a filiação socialmente definida. Todas consagram a primazia do social – da convenção jurídica que funda o social – sobre o biológico puro. A filiação não é, portanto, jamais um simples derivado da procriação. É uma terceira constante (Héritier, 2000:102).

Em termos estritamente jurídicos, o ECA, principal instrumento jurídico no que respeita ao procedimento da adoção, no *caput* do artigo 42, dispõe que "podem adotar os maiores de 21 anos, independentemente de seu estado civil". Primeiramente, observa-se que a adoção não pressupõe que a pessoa adotante seja casada, o que assegura a possibilidade de que pessoas vivendo em união estável possam exercer o direito de adotar.

Essa possibilidade está expressamente prevista no artigo 42, § 2º, do ECA, que estabelece: "A adoção por ambos os cônjuges ou concubinos poderá ser formalizada, desde que um deles tenha completado vinte e um anos de idade, comprovada a estabilidade da família".

Nessa perspectiva, para que duas pessoas adotem conjuntamente, não há a necessidade de que sejam formalmente casadas entre si. Há previsão no ECA de que concubinos possam adotar conjuntamente, desde que comprovada a estabilidade familiar.

Tal dispositivo, seguindo a lógica do sistema legal, estende-se à hipótese de adoção por conviventes em regime de união estável. Tanto assim, que o Código Civil de 2002, em seu artigo 1622, *caput*, expressamente prevê a possibilidade de adoção por duas pessoas que vivam em união estável.

Nem poderia ser diferente, porque o artigo 226, § 3º, da Constituição Federal, reconhece como entidade familiar a união estável entre o homem e a mulher. Já se vê que convivência em união estável, equiparada constitucionalmente à entidade familiar, autoriza a que se defira a adoção, conjuntamente, para ambos os conviventes.

Logo, sendo a união estável uma entidade familiar e havendo previsão constitucional (artigo 226, § 7º, da CF) de que o planejamento familiar é livre decisão do casal, sendo competência do Estado propiciar recursos para o exercício desse direito, conclui-se que os conviventes em união estável têm o direito constitucional de adotar conjuntamente.

Sob outro enfoque, merece destaque o fato de que o instituto da adoção está voltado para o melhor interesse da criança, estabelecendo o artigo 43 do ECA, que: "a adoção será deferida quando apresentar reais vantagens para o adotando e fundar-se em motivos legítimos.".

No objetivo de explorar essa questão, examinarei primeiro as vantagens da adoção – formalizada por ambos os conviventes – para a criança adotada para, após, apreciar a legitimidade do desejo de filhos por parte de *gays* e lésbicas.

Eventualmente, uma pessoa que convive em união estável pode ingressar em juízo isoladamente com o pedido de adoção apenas em seu nome. Essa prática, que não é ignorada pelos operadores do direito, possivelmente decorra da crença de que assim não se enfrentará a questão da sexualidade. Todavia, em que pese as chances de sucesso de um pedido de adoção possam de fato ser maiores nos casos de união estável entre pessoas do mesmo sexo – em face de práticas preconceituosas ainda existentes no meio jurídico brasileiro –, existem fortes razões para acreditar que a exclusão de um dos conviventes do processo formal de adoção vem em prejuízo da criança (Uziel, 2007).

A partir do que foi visto até aqui, urge refletir sobre a existência de alguma justificativa que autorizasse negar a *gays* e lésbicas o direito de adotarem.

Para tanto, é preciso que se faça um exercício de raciocínio que considere não apenas os interesses das partes adotantes, mas que contemple sobretudo os interesses das crianças.

Não fez o legislador ordinário qualquer ressalva quanto à orientação sexual do adotante. Assim agindo, adequou-se à Constituição Federal, que veda qualquer forma de discriminação, dentre as quais a discriminação por sexo ou orientação sexual.

Convém explicitar que não há razão para dúvida acerca da extensão do dispositivo constitucional. O artigo 3º, inciso 4º, da Constituição Federal, estabelece como um dos objetivos fundamentais da República "promover o bem de todos, sem preconceitos de origem, raça, sexo, cor, idade e quaisquer outras formas de discriminação". É dizer, seja porque já abrangida pela menção direta a "sexo", seja em virtude de que é vedada qualquer forma de discriminação, a orientação sexual não pode se constituir em obstáculo ao exercício do direito à adoção, sem que se incorra em afronta ao texto constitucional. (Rios, 2002; Lopes, 2003)

Essa normatização harmoniza-se com os princípios constitucionais já referidos e dá plena eficácia às legislações locais, de que é exemplo a Lei Estadual nº 11.872, de 19 de dezembro de 2002, na qual o Estado do Rio Grande do Sul compromete-se com a defesa da liberdade de orientação sexual (vide tópico 1.1.2).

Como visto, não há no direito brasileiro qualquer obstáculo legal à homoparentalidade por adoção. Assim, eventual resistência, necessariamente, precisaria ser encontrada em outras fontes de saber. Entretanto, justamente em outras áreas do conhecimento humano, encontram-se sólidas razões para que se defiram, sem qualquer ressalva, os pedidos de adoção nos quais figuram como autores casais formados por pessoas do mesmo sexo.

O que se vê, de fato, em matéria de resistência à possibilidade de homoparentalidade por adoção, em geral, são manifestações preconceituosas e desprovidas de embasamento científico.

Conforme já tive oportunidade de afirmar, partindo-se do senso comum, toma-se a homossexualidade por uma patologia (Lorea, 2005), e, em decorrência desse primeiro equívoco, segue-se um segundo erro: a convicção de que é prejudicial às crianças conviver com pessoas homossexuais. A homossexualidade não constitui doença, distúrbio ou perversão, conforme explicitado na Resolução nº 01/99, do Conselho Federal de Psicologia.

Se refletirmos sobre a homossexualidade a partir de uma perspectiva médica, chegaremos também à conclusão de que não se trata de uma patologia. O DSM IV (*Diagnostic and Statistical Manual of*

Mental Disorders – Fourth Edition) estabelece, em nível internacional, os distúrbios mentais, não incluindo a homossexualidade nesse rol.

Utilizando uma figura de linguagem comum ao operador do direito, assim como o Código Penal estabelece as condutas típicas, não podendo o magistrado criar crimes (chamados tipos penais) que não estejam descritos na legislação penal, o DSM IV classifica as patologias mentais, não podendo o profissional da saúde ignorar essa constatação.

No mesmo sentido, tanto a Organização Mundial de Saúde (OMS) quanto o Conselho Federal de Medicina, não classificam a homossexualidade como uma patologia.

Diante dessa realidade, parece-me insustentável que se negue a adoção a casais formados por pessoas do mesmo sexo, a pretexto de se estar protegendo as crianças, visto que seria necessário questionar do que, precisamente, as crianças estariam sendo protegidas.

Nesse ponto, oportuno citar Elizabeth Zambrano, a qual afirma que:

> Não seria, portanto, hora de começarmos a exigir que essas pessoas fossem respeitadas no seu desejo de filhos e tivessem acesso à adoção sem serem questionados quanto às suas práticas homoeróticas, da mesma forma como não são questionados todos os outros cidadãos brasileiros? (ZAMBRANO, 2005).

Nessa lógica, todas as pessoas que pretendem adotar devem se submeter ao mesmo procedimento, independentemente de sua orientação sexual. O que deve ser objeto de análise é a aptidão para a parentalidade, não o desempenho sexual.

Outro ponto que chama atenção de quantos se dedicam ao estudo desse tema é a desinformação, por parte de operadores do Direito acerca da existência de pesquisas realizadas com crianças, adolescentes e adultos que são (ou foram) criados por casais formados por pessoas do mesmo sexo. É fato que a literatura sobre o tema, geralmente, encontra-se em inglês ou francês. Porém, mesmo em espanhol, encontram-se publicações a respeito. Assim, revela-se equivocado o argumento, ainda recorrente, de que seria necessário, por cautela, que se aguardassem os resultados das pesquisas acerca das consequências da criação de filhos por casais homossexuais.

Os resultados das pesquisas estão disponíveis. Seu conteúdo aponta para a inexistência de qualquer ressalva à homoparentalidade decorrente, ou não, da adoção. (*American Psycological Association*, 1991; Golombok & Tasker, 1996; Paterson, 1996; Fassin, 1999; Gross, 2005)

Basta que se examinem os conteúdos desses estudos para que se afastem mitos como o de que filhos de *gays* terão orientação sexual voltada para o mesmo sexo, de que pais homossexuais irão abusar sexualmente dos filhos, de que filhos de casais homossexuais serão discriminados de um tal modo que se justificaria negar o direito à adoção.

A importância de tais pesquisas não pode ser desconhecida da magistratura, na medida em que justamente se dão em razão de temas que são recorrentes nos Tribunais. A decisão judicial, necessariamente, deve alcançar o máximo de razoabilidade possível e, no caso da homoparentalidade por adoção, estando disponível essa enorme quantidade de dados, não se pode simplesmente ignorá-los.

Portanto, é preciso que os operadores do direito reflitam sobre sua dificuldade em lidar com o fato de que uma criança possa ser registrada como filho de dois pais do mesmo sexo, já que mesmo na hipótese de que fosse a procriação um requisito para o casamento, é preciso tomar em conta que esta (a filiação) poderia se dar através da adoção, o que invalidaria a referência à capacidade reprodutiva em termos biológicos como uma exigência legal para o casamento.

De resto, para não deixar de enfrentar o rigor formal inerente à celebração da família através do contrato de casamento, convém explicitar que também o capítulo III do Código Civil, ao tratar dos impedimentos ao casamento, não faz qualquer alusão à capacidade reprodutiva dos cônjuges, reforçando que não há lugar para tal exigência por parte do Poder Judiciário.

Para além dos argumentos até aqui examinados, é possível escalar a hierarquia legal, subindo-se até o topo do ordenamento jurídico, em função de que é na Constituição que se encontram os melhores argumentos para demonstrar que, no plano jurídico, o casamento não está vinculado à procriação.

Então, se por um lado o Código Civil não estabelece qualquer vinculação entre casamento e reprodução, por outro, a Constituição Federal assegura que o casamento esteja, a critério dos cônjuges, dissociado da procriação. Para tanto, estabelece o artigo 226, § 7º, da Constituição Federal:

> Fundado nos princípios da dignidade da pessoa humana e da paternidade responsável, o planejamento familiar é livre decisão do casal, competindo ao Estado propiciar recursos educacionais e científicos para o exercício desse direito, vedada qualquer forma coercitiva por parte de instituições oficiais ou privadas.

Tal dispositivo estabelece a liberdade de o casal decidir sobre ter ou não ter filhos; o número de filhos; e qual o espaçamento entre os mesmos. Garante também o direito de acesso aos recursos educacionais e ferramentas tecnológicas disponíveis, seja para ter filhos seja para não tê-los.

É dizer, em matéria de Direitos Sexuais e reprodutivos[60], compete ao Estado assegurar que a vontade do casal seja soberana num ou noutro sentido, sendo-lhe vedada qualquer interferência contrária à vontade do casal, sob pena de violação de sua cidadania sexual.

Seria ilógico admitir que, frente ao direito constitucional de livre escolha sobre ter ou não filhos, dentro desse mesmo sistema legal, o acesso ao casamento estivesse condicionado à possibilidade de procriar. Constatada, portanto, a inexistência de qualquer amparo legal à exigência de capacidade reprodutiva dos cônjuges, desvendar qual a natureza dessa concepção jurídica que vincula casamento e procriação torna-se um interessante desafio.

Na legislação eclesiástica, é possível encontrar uma origem (bastante crível) para o argumento, de vez que no cânone 1.055, § 1º, do Código de Direito Canônico, aparece uma definição de casamento, na qual, diferentemente da lei civil, está contemplada a sua finalidade reprodutiva nos seguintes termos: "O pacto matrimonial, pelo qual o homem e a mulher constituem entre si consórcio para toda a vida, por sua índole natural ordenado ao bem dos cônjuges e à geração e educação da prole, entre batizados foi por Cristo Senhor elevado à dignidade de sacramento" (Hortal, 2005: 479).

Percebe-se, então, que essa é justamente a concepção de família natural utilizada como fundamento para a decisão judicial em exame, a qual adota a procriação como requisito para a constituição da família.

---

[60] No mesmo sentido, garantindo os Direitos Sexuais e reprodutivos, especialmente no que tange à autonomia das mulheres em relação ao livre exercício de sua sexualidade, surgem a Conferência do Cairo (1994) e a Conferência de Beijing (1995). Ambos os documentos são textos internacionais produzidos pela Organização das Nações Unidas e têm o Brasil como Estado signatário.

Há ainda uma outra afirmação contida no acórdão que é digna de toda a preocupação, relativamente à interferência de valores religiosos na fundamentação da decisão judicial, diz respeito à afirmação de que "no caso de homossexuais, a lei não permite a adoção de filhos, nem existe qualquer razão para que se estabeleça a priori um regime de bens para reger tais relações". Em termos jurídicos, é preciso esclarecer que, ao contrário do que está afirmado no acórdão, não há no ordenamento jurídico brasileiro qualquer obstáculo à adoção por casais homossexuais. (Lorea, 2005: 41).

Para finalizar esse ponto, quanto aos aspectos jurídicos, reporto-me, também, aos argumentos lançados nas recentes decisões do Poder Judiciário gaúcho que deferiram adoções para casais formados por pessoas do mesmo sexo, reforçando a fragilidade da posição contrária e igualmente reforçando a ideia de que a resistência está amparada em razões de ordem religiosa sem amparo no Direito secular.[61]

3.2.4. O discurso jurídico-religioso homofóbico

Para os limites deste trabalho, importa reconhecer que desvalorizar as uniões formadas por pessoas do mesmo sexo, como proposto no acórdão, é postura que se harmoniza ao conteúdo dos documentos produzidos pela Santa Sé, os quais afrontam os princípios constitucionais que regem o ordenamento jurídico brasileiro.

A seguinte passagem do supramencionado documento "Reflexões...", é emblemática dessa sintonia entre os fundamentos utilizados no acórdão e a posição da Igreja Católica:

> A dignidade própria de cada pessoa deve ser respeitada sempre, nas palavras, ações e nas legislações. Todavia, a necessária reação diante das injustiças cometidas contra as pessoas homossexuais não pode levar, de forma alguma, à afirmação de que a condição homossexual não seja desordenada.
> Quando tal afirmação é aceita e, por conseguinte, a atividade homossexual é considerada boa, ou quando se adota uma legislação civil para tutelar um comportamento, ao qual ninguém pode reivindicar direito algum, nem a Igreja, nem a sociedade no seu conjunto deveriam surpreender-se se depois também outras opiniões e

---

[61] Sentença do juiz Marcos Danilo Edon Franco, da Comarca de Bagé (28-10-2005). Sentença do juiz José Antônio Daltoé Cezar, da 2ª Vara da Infância e Juventude da Comarca de Porto Alegre (03-07-2006), unanimemente confirmada pela VII Câmara Cível do Tribunal de Justiça do Rio Grande do Sul (caso nº 70013801592, julgado em 05.04.2006, Relator, Des. Luiz Felipe Brasil Santos).

práticas distorcidas ganharem terreno e se aumentarem os comportamentos irracionais e violentos.

Dois aspectos sobressaem no exame dessa passagem assinada pelo então prefeito da Congregação para a doutrina da fé, hoje Papa Bento XVI.

O primeiro diz respeito à dimensão homofóbica dessa postura, para cuja compreensão é oportuno trazer o conceito de homofobia, na formulação de Daniel Borrillo: "O termo homofobia designa, assim, dois aspectos diferentes de uma mesma realidade: uma dimensão pessoal de natureza afetiva que se manifesta em uma repulsa aos homossexuais e uma dimensão cultural, de natureza cognitiva, na qual não é o homossexual enquanto indivíduo que é objeto da repulsa, mas a homossexualidade como fenômeno psicológico e social. Tal distinção permite compreender uma situação bastante difundida nas sociedades modernas, que consiste em tolerar e inclusive simpatizar com os membros do grupo estigmatizado, porém considerando inaceitável qualquer política de igualdade" (Borrillo, 2001: 23).

O segundo aspecto a ser destacado na linha de pensamento desenvolvida no documento "Reflexões..." remete à separação entre Estado e Igreja, como salienta Luiz Mello, nos seguintes termos:

> O estímulo do Vaticano à ativa ingerência dos representantes católicos na definição do arcabouço legal dos Estados laicos pode ser compreendido, assim, como uma clara manifestação de que a Igreja Católica não concebe que seus valores religiosos só podem ser definidos como legítimos para os seus fiéis. A tentativa de imposição de sua moral para o conjunto da sociedade é, portanto, uma manifestação de intolerância, que desconhece o respeito à diversidade como um dos fundamentos das sociedades pluralistas e democráticas (Mello, 2005: 183).

Conforta essa corrente de pensamento que está atenta para a secularização do mundo, sobretudo no tange às democracias modernas, a lição de Daniele Hervieu-Léger:

> As instituições religiosas não podem mais pretender reger as sociedades. Suas atividades não se exercem legitimamente senão no interior de um campo religioso especializado e não têm abrangência para além de um grupo determinado de crentes voluntários (Hervieu-Léger, 1987: 362-364).[62]

---

[62] Confirmando essa hipótese, a pesquisa de opinião realizada numa parceria Ibope/CDD no Brasil (2005) aponta para uma expressiva divergência entre o pensamento da população brasileira católica e o discurso da hierarquia dessa mesma Igreja, destacadamente no que diz respeito à separação entre Estado e Igreja. Os resultados do Ibope revelam que 85% dos

Reconhecer a homofobia, como visto, não é tarefa simples. Utilizemos, para reflexão, a hipótese de uma outra forma de discriminação igualmente prevista no artigo 3º, inciso IV, da Constituição Federal. Digamos que se pretendesse estabelecer que o casamento estivesse regrado tão somente para pessoas brancas, portanto devendo as pessoas negras aguardar uma futura regulamentação da matéria, a qual viria a definir os termos do casamento entre negros. À evidência, tal hipótese repugna a consciência jurídica.

O mesmo, todavia, parece não acontecer quando a discriminação se dá por força da orientação sexual. Essa espécie de discriminação tem sido perpetrada, em grande medida, sob a chancela dos operadores do direito, como fica evidente nas palavras de Didier Eribon:

> A injúria homofóbica inscreve-se em um contínuo que vai desde a palavra dita na rua que cada *gay* ou lésbica pode ouvir (veado sem-vergonha, sapata sem-vergonha) até as palavras que estão implicitamente escritas na porta de entrada da sala de casamentos da prefeitura: 'proibida a entrada de homossexuais' e, portanto, até as práticas profissionais dos juristas que inscrevem esta proibição no direito, e até os discursos de todos aqueles e aquelas que justificam estas discriminações nos artigos que se apresentam como elaborações intelectuais (filosóficas, sociológicas, antropológicas, psicanalíticas, etc.) e que não passam de discursos pseudo-científicos destinados a perpetuar a ordem desigual, a reinstituí-la, seja invocando a natureza ou a cultura, a lei divina ou as leis de uma ordem simbólica imemorial. Todos estes discursos são atos, e atos de violência (*apud* Lopes: 2003; 20-21).

Merece destaque o fato de que seja utilizado o argumento jurídico da necessidade de uma lei específica para disciplinar o casamento entre pessoas do mesmo sexo, ainda que não se esclareça que espécie de regulamentação seria essa. Não revelam os defensores dessa corrente que outro tipo de casamento pode vir a existir, e isso seria de extrema importância, a fim de que se pudesse mais facilmente perceber a desnecessidade de tal legislação.

Tomemos o exemplo do Provimento nº 06/2004 (já referido) o qual determinou aos Cartórios que registrassem as uniões *gays*, sempre que provocados a fazê-lo. Festejado, esse ato administrativo

---

católicos afirmam que o Presidente da República deve governar segundo a diversidade de opiniões existentes no país e não com base nos ensinamentos da Igreja Católica. Também 86% da população católica entrevistada acredita que legisladores e juízes devem tomar decisões com base na diversidade de opiniões existentes e não com base nos ensinamentos da Igreja Católica – hipótese em que a crença religiosa estaria se sobrepondo à lei.

teve o mérito de igualar as relações afetivas, independentemente da orientação sexual do casal.

Entretanto, seria equivocada a interpretação que apontasse o casamento para os heterossexuais e o registro em cartório para os homossexuais, como uma solução para a questão em exame, posto que tal distinção seria discriminatória. Esse exemplo ilustra como a eventual aprovação de uma lei que viesse a regular alguma forma de parceria civil não teria (em hipótese alguma) força de superar a discriminação caracterizada pela privação de acesso de determinadas pessoas ao instituto do casamento, em razão de sua orientação sexual.

É preciso que fique claro que podem vir a existir variadas formas de parceria civil, decorrentes de novas leis ou mesmo atos administrativos. Importa reconhecer, contudo, que criar alternativas ao casamento não é enfrentar a questão da discriminação atualmente imposta a cidadãs e cidadãos que têm violados os seus direitos. Direitos esses que, em última instância, deveriam ser assegurados pelo Poder Judiciário.

Nessa mesma linha de raciocínio de temores infundados, é a tese de que a homossexualidade seja uma patologia. Convém que isso se mencione, para rechaçar ainda uma vez mais, tal questionamento. Basta lembrar a posição do Conselho Federal de Medicina do Brasil, bem como da Organização Mundial da Saúde, para verificar que uma tal afirmação não encontra qualquer embasamento, não resistindo a uma análise séria.

Resta, ainda, mencionar o argumento recorrente de que houvesse restrições ao casamento entre pessoas do mesmo sexo, por conta do temor de se por em risco a instituição da família, com grave repercussão no ordenamento social.

Nesse sentido, é oportuno colacionar a manifestação da Associação Americana de Antropologia, objetivando esclarecer uma série de equívocos consagrados pelo senso comum acerca dos reflexos sociais decorrentes do casamento entre pessoas do mesmo sexo, numa resposta à pretensão do Presidente dos Estados Unidos, de aprovar uma emenda constitucional que viesse a proibir o casamento *gay*.

Declaração sobre o Casamento e a Família feita pela Associação Americana de Antropologia (AAA):

> Os resultados de mais de um século de pesquisas antropológicas sobre unidades domésticas, relações de parentesco e famílias, em diferentes culturas e ao longo do tempo, não fornecem qualquer tipo de evidência científica que possa embasar a idéia de que a civilização ou qualquer ordem social viável dependa do casamento ser uma instituição exclusivamente heterossexual. Ao contrário, as pesquisas antropológicas fundamentam a conclusão de que um imenso leque de tipos de famílias, incluindo famílias baseadas em parcerias entre pessoas do mesmo sexo, podem contribuir na promoção de sociedades estáveis e humanitárias.

Feitas essas considerações, torna-se evidente que à luz do Direito de Família, não é no texto legal que se encontra o obstáculo ao reconhecimento do direito de todas as pessoas terem acesso ao casamento, no entanto, segundo penso, utiliza-se o Direito de Família como um instrumento para impedir a democratização do instituto do casamento, adiando-se, indefinidamente, a efetivação da Constituição Federal de 1988.

Ao assegurar a laicidade, o Estado não se limita apenas a assegurar a co-existência pacífica entre diferentes credos. Tão importante quanto garantir a liberdade de crença é o fato de que a laicidade garante o direito de divergir da hierarquia de sua própria Igreja, contemplando a diversidade existente no seio de uma mesma doutrina religiosa.[63] Isso porque há dispositivos constitucionais que asseguram ao cidadão que o enfrentamento judicial de suas demandas não esteja contaminado por convicções pessoais de ordem religiosa, por exemplo, o artigo 5º, incisos VI e VIII, e artigo 19, inciso I, da Constituição Federal (Palomino, 2005; Welter, 2004; Roaro, 1998).

Essa é a razão pela qual, no Brasil, um casal católico pode se divorciar sem que seja permitido ao magistrado negar o divórcio com base em sua própria convicção religiosa ou, ainda, sob o argumento de que a doutrina católica não admite o divórcio e, portanto, um casal católico não poderia infringir um dogma de sua própria Igreja.

Conforme afirmado ao início, o exame dos argumentos lançados e a forma como estão organizados no voto sugere que a visão de mundo oriunda de uma perspectiva religiosa tende a obscurecer a interpretação dos fatos, à luz do arcabouço jurídico disponível, gerando uma forte tendência a antecipar soluções que não estariam autorizadas. É o caso de se acionar o "uso dos costumes", sem que

---

[63] Sobre o distanciamento da atual doutrina católica em relação às escrituras sagradas, no que tange ao tema das uniões entre pessoas do mesmo sexo, ver "Christianity, Social Tolerance, and Homosexuality. Gay People in Western Europe From the Beginning of the Christian Era to the Fourteenth Century" de John Boswell (Boswell, 1981).

antes se tenha esgotado a possibilidade de aplicação das normas que regulam a matéria *sub judice*.

Evitando-se aqui retomar o exame dos princípios constitucionais que norteiam o exame da matéria, como são o princípio da dignidade da pessoa humana e o princípio da não discriminação, há que se referir que o estado do Rio Grande do Sul possui regramento legal específico, o qual, todavia, sequer foi mencionado no julgamento, ao contrário.

Note-se que a lei estadual n° 11.872, de 2002, harmoniza-se com os princípios constitucionais já referidos, quando estabelece o compromisso do Estado do Rio Grande do Sul com a defesa da liberdade de orientação sexual (vide tópico 1.1.2).

Frente a esse texto legal, não há margem para que se deixe de aplicar a lei. Todavia, o que se vê no acórdão é uma adesão irrestrita à doutrina católica que sustenta a inexistência de direitos àquelas pessoas que têm práticas sexuais com pessoas do mesmo sexo.

Então, é possível afirmar com segurança que, seja pela existência de lei estadual que dispõe sobre orientação e práticas homossexuais (protegendo-as legalmente), seja pela existência de norma administrativa emanada do Tribunal de Justiça (a qual tutela juridicamente as relações afetivo-sexuais entre pessoas do mesmo sexo), revela-se equivocado afirmar que "No caso em exame, cuidando-se de relações homossexuais, cuida-se de inexistência de fonte formal, ganhando relevância a incidência dos costumes e dos princípios gerais do direito".

Somente a hipótese de que estivesse esgotada a fase de aplicação dos princípios gerais do Direito legitimaria a busca da justiça através da aplicação dos costumes. Contudo, o preenchimento de uma lacuna (de fato inexistente) no ordenamento jurídico brasileiro acerca do tema certamente não autoriza o Poder Judiciário a invocar costumes contrários à lei, como fonte para a aplicação do direito no caso concreto. Precisamente esse contraste, entre a doutrina católica homofóbica e a lei civil, impõe que se faça uma leitura crítica do seguinte argumento utilizado no acórdão:

> Ora, os costumes vigentes no país ainda abominam o relacionamento homossexual, tratando, não raro, de forma preconceituosa, com escárnio, com desrespeito, visto como uma doença ou, mesmo, como uma situação de imoralidade.

Explicitamente, afirma-se que as pessoas homossexuais não devem ter seus direitos respeitados em face da homofobia ainda existente no Brasil. Adotado frente a outra forma de discriminação, esse raciocínio (se aplicado) conduziria a afirmar que as pessoas negras não deveriam ter seus direitos respeitados em face do racismo ainda existente no Brasil.

Fundamentar o julgamento no fato de que relacionamentos homossexuais são vistos de forma preconceituosa é uma afronta ao ordenamento jurídico brasileiro, uma vez que o artigo 3º, inciso IV, da Constituição Federal estabelece que é um objetivo fundamental da República promover o bem de todos, sem preconceito ou qualquer outra forma de discriminação.

Sendo assim, por se tratar de princípio fundante da República Federativa do Brasil, razão de sua existência, tal princípio deve orientar a interpretação de todo o ordenamento jurídico (Sarlet, 2003: 100).

Conclui-se que não é razoável que o Poder Judiciário afirme que justamente o preconceito existente contra a orientação sexual dos demandantes é a razão para se negar seus direitos, violando-se o princípio da não discriminação assegurado na Constituição Federal.

A postura adotada no julgamento ignora também a vigência da (já mencionada) lei estadual nº 11.872, de 2002, numa linha argumentativa que se ajusta, *qual mão à luva,* à doutrina católica antes examinada, a qual considera as práticas homossexuais "um comportamento, ao qual ninguém pode reivindicar direito algum". Essa proposição está reproduzida na seguinte passagem do acórdão:

> Não deixa de causar perplexidade e constrangimento o fato de pessoas do mesmo sexo exteriorizarem, em locais públicos, manifestações de caráter erótico-afetivo, que são bem aceitos entre pares heterossexuais, como abraços, beijos e troca de carícias. Ou, até mesmo, de andarem abraçados ou de mãos dadas... E isso traduz o costume vigente no país.

É preciso lembrar que a legislação vigente protege o direito de pessoas do mesmo sexo exteriorizarem, em locais públicos, manifestações de caráter erótico-afetivo. É dizer, as práticas sexuais descritas no acórdão como "atentatórias aos costumes" estão protegidas pelo Estado, através da Lei estadual nº 11.872, de 2002, a qual explicita (não deixando margem à dúvida) o alcance do princípio da não discriminação, cujo conteúdo é objeto do artigo 1º dessa mesma lei:

> Art. 2º Consideram-se atos atentatórios à dignidade humana e discriminatórios, relativos às situações mencionadas no art. 1º, dentre outros:
> VII – a restrição à expressão e à manifestação de afetividade em locais públicos ou privados abertos ao público, em virtude das características previstas no art. 1º;
> VIII – proibir a livre expressão e manifestação de afetividade do cidadão homossexual, bissexual ou transgênero, sendo estas expressões e manifestações permitidas aos demais cidadãos. [64]

Portanto, não é exagerado afirmar que a fundamentação da posição vencida no acórdão deixa de aplicar a legislação vigente para, conformando-se à doutrina católica, negar direitos às pessoas com a orientação sexual voltada para o mesmo sexo.

Seria o caso de questionar qual o papel do Poder Judiciário, quando nega acesso à cidadania sexual em face da oposição de segmentos conservadores da sociedade cujo pleito se opõe à vigência do ordenamento jurídico, na medida em que têm suas crenças religiosas contrariadas pela legislação secular.

Nesse sentido, retoma-se, em pleno século XXI, a tensão instalada no período da Monarquia do século XIX, quando se debatia a secularização do casamento no Brasil, confrontando-se os ideais republicanos com a doutrina da Igreja Católica.

Assim, a afirmação contida no voto, de que "Não se pode ignorar os valores e as instituições que a própria Carta Magna cuidou em preservar para que se possa ter uma sociedade mais equilibrada e saudável", remete à ideia de que existiriam valores cuja defesa, no caso concreto, justificaria a não proteção da dignidade das pessoas homossexuais. Todavia, não esclarece[65] o acórdão que valores

---

[64] O conteúdo do artigo 1º, da Lei nº 11.872, de 2002, já está reproduzido acima. Também a Lei Orgânica do Município de Porto Alegre, em seu artigo 150, traz menção à obrigação de respeito às manifestações públicas de afeto entre pessoas do mesmo sexo.

[65] Sobre a necessidade desse esclarecimento, afirma Jane Pereira "O vocábulo ponderação, em sua acepção mais corrente, significa operação hermenêutica pela qual são contrabalançados bens ou interesses constitucionalmente protegidos que se apresentam em conflito em situações concretas, a fim de determinar, à luz das circunstâncias do caso, qual deverá prevalecer. Nas palavras de Chester Antieau, neste método o 'Tribunal Constitucional identifica os interesses sociais opostos, reconcilia-os se possível, e, se a reconciliação não é possível, determina que naquelas circunstâncias um dos interesses deve prevalecer, com uma explicação para a comunidade do porquê decidiu assim'." (Pereira, 2006: 261). No mesmo sentido, através de uma análise histórica da Ciência do Direito, Ariani Sudatti anota que em substituição

seriam esses e por que os mesmos estariam ameaçados através do reconhecimento do casamento entre pessoas do mesmo sexo.

Na visão de Eric Posner, os opositores do casamento entre pessoas do mesmo sexo deixam de articular os argumentos religiosos que estão implícitos nessa postura, limitando-se a uma vaga menção à subversão do casamento (e da família), mas não descrevem o processo através do qual essa subversão poderia ocorrer (Posner, 200: 84). Trata-se de adesão ao senso comum homofóbico difundido pela doutrina católica.

A partir de uma perspectiva laica, conforme já teve oportunidade de afirmar a Suprema Corte de Massachusetts, em julgamento de 2003 (Sullivan, 2004: 112), reconhecer o direito de um indivíduo se casar com uma pessoa do mesmo sexo não irá diminuir a validade ou dignidade do casamento entre pessoas do sexo oposto. Estender o casamento civil para casais do mesmo sexo reforça a importância do casamento para os indivíduos e para a comunidade.

De resto, como afirma Luís Barroso (2006: 352): "apenas será possível controlar a argumentação do intérprete, se houver uma argumentação explicitamente apresentada. (...), mas quando uma decisão judicial envolver a técnica da ponderação, o dever de motivar torna-se mais grave. Nesses casos, como visto, o julgador percorre um caminho mais longo e acidentado para chegar à conclusão. É seu dever constitucional guiar as partes por essa viagem, demonstrando, em cada ponto, porque decidiu por uma direção ou sentido e não por outro".

É o caso da argumentação analisada que, para afastar a aplicação do princípio da dignidade da pessoa humana, limita-se a ponderar com uma vaga ideia de promoção de "uma sociedade equilibrada e saudável", revelando-se nula, na medida em que desatende o comando constitucional que impõe a fundamentação (lógica e razoável) das decisões judiciais – artigo 93, inciso IX, da Constituição Federal (Asís, 2005).

---

ao juiz que se limitava a ler a lei, após o advento do art. 4º, do Código Napoleônico, molda-se o juiz que interpreta a legislação e, portanto, surge a necessidade de motivação das decisões. "Agora, a sentença surge como um discurso racionalmente estruturado, capaz de convencer os interlocutores que lhe figuram como destinatários diretos ou indiretos. As partes, os juízes superiores, a sociedade como um todo, devem reconhecer na decisão, um certo critério de razoabilidade" (Sudatti, 2003: 32).

Outro trecho do acórdão também merece detida análise: "E entendo que constitui até uma heresia, data máxima vênia, dizer que tal forma de união possa ser considerada base da sociedade".

Primeiramente, é preciso encontrar o significado do termo *heresia* no contexto de uma decisão judicial. Do vernáculo, colhe-se a definição do dicionário: "heresia. [Do gr. Haíresis, 'escolha', pelo lat. Haeresis + -ia] S. f. 1. doutrina contrária ao que foi definido pela Igreja em matéria de fé. 2. Ato ou palavra ofensiva à religião. 3. Fig. Contra-senso, tolice" (Ferreira, 1986: 889).

Que a utilização do termo *heresia* refira-se a um contrassenso, uma tolice, traduz a possibilidade de que se trate apenas de um equívoco decorrente da falta de conhecimento sobre o tema. Mesmo assim, é preciso atentar para o fato de que a escolha do termo não é aleatória, nem desprovida de valoração, portanto, ainda que fosse utilizada no sentido figurado, trata-se de um termo carregado de significado negativo.

Como salienta Pierre Bourdieu,

> o veredicto do juiz (...) pertence à classe dos *actos de nomeação* ou de *instituição*, diferindo assim do insulto lançado por um simples particular que, enquanto discurso privado – *idios logos* –, que só compromete o seu autor, não tem qualquer eficácia simbólica; ele representa a forma por excelência da palavra autorizada, palavra pública, oficial, enunciada em nome de todos e perante todos" (Bourdieu, 2001: 236).

A temática do casamento entre pessoas do mesmo sexo gera polêmica, notadamente por haver uma posição fortemente contrária à pretensão dos demandantes por parte da Igreja Católica. Polêmica essa que não recomenda o uso de termos carregados de significado religioso, os quais, no mínimo, colocam em dúvida a origem da posição sustentada na decisão judicial.

Não é presumível que se interprete a utilização de um termo lançado numa decisão judicial não pelo primeiro ou segundo significado encontrado no dicionário, mas apenas por um terceiro, assim mesmo revelador de um sentido que é significado no mundo jurídico, como atinente à legislação eclesiástica.[66]

---

[66] Como se constata, por exemplo, no Vocabulário Jurídico Plácido e Silva, no qual o significado aparece como: "Heresia – Derivado do latim *haeresis*, no conceito em que lhe empresta o Direito Canônico, em sentido amplo é todo erro involuntário contra alguma fé verdadeira. Mas, em sentido restrito, é o *erro voluntário e pertinaz*, contra dogma ou fé reconhecida como verdadeira pela Igreja" (Silva, 1993: 380).

Chama atenção, contudo, a possibilidade, bastante provável diante do conjunto de toda a linha argumentativa até aqui examinada, de que se esteja afirmando, no corpo de uma decisão judicial, que a pretensão dos demandantes afronta a doutrina católica.[67]

A gravidade reside no fato de que se utilize tal justificativa (incorrer em heresia) como argumento para negar o acesso à cidadania sexual no Estado Democrático de Direito.

Conforme aprofundamos o exame da argumentação, constatamos que o voto reproduz o senso comum sobre a temática da homossexualidade, reforçando mitos homofóbicos e, por isso mesmo, contribuindo para a permanência de crenças populares como a de que a homossexualidade é uma patologia.

No intuito de facilitar a compreensão desse ponto, pode-se afirmar, fazendo uso de uma figura de linguagem, que os distúrbios mentais estão relacionados no Código Internacional de Doenças como as infrações penais estão relacionadas na legislação penal. Não há crime sem lei anterior que o defina, afirma o princípio da legalidade.

Do mesmo modo, não se pode considerar como desordem a homossexualidade porque, conforme esclarece a médica psicanalista Elizabeth Zambrano:

> Segundo a Organização Mundial da Saúde, através do Código Internacional de Doenças – CID 10, a homossexualidade, em si, não deve ser considerada uma doença. Também o Manual de Doenças e Estatística da Sociedade Americana de Psiquiatria, na versão DSM IV, retirou a homossexualidade do seu código de doenças. Ambos os códigos são usados como referência para médicos em todo o mundo, com o objetivo de homogeneizar as classificações das doenças mentais. No Brasil, o Conselho Federal de Psicologia, pela resolução 001/99, afirma que a homossexualidade não constitui doença, distúrbio nem perversão e proíbe, sob pena de punição, que os psicólogos façam terapia psicológica em homossexuais, com vistas à cura da homossexualidade (Zambrano, 2006: 28).

Conclui a autora, em apresentação dos resultados da pesquisa, que coordenou enquanto antropóloga, afirmando que:

---

[67] Não quero negar que haja uma contraposição à doutrina católica que pudesse levar ao reconhecimento da heresia, conforme se vê do cânone 751, do Código Canônico: "Chama-se heresia a negação pertinaz, após a recepção do batismo, de qualquer verdade que se deva crer como fé divina e católica, ou a dúvida pertinaz a respeito dela".

> Atualmente, considera-se a homossexualidade como uma forma de expressão da sexualidade, entre outras. As opiniões contrárias são vistas como apoiadas, na sua maioria, em preconceito e/ou posicionamento ideológico" (Zambrano, 2006: 29).

Ao assumir que os relacionamentos afetivo-sexuais mantidos por homossexuais não contêm a mesma dignidade dos relacionamentos afetivo-sexuais mantidos por heterossexuais, está-se afirmando que pessoas com distintas orientações sexuais devem receber tratamento diverso por parte do Poder Judiciário.

Sobre o modo de enfrentar esse tratamento desigual, leciona Roger Rios:

> A igualdade perante a lei – como já visto – só alcançará a universalidade do direito mediante a ruptura do modelo abstrato do sujeito de direito como pessoa heterossexual. Ao invés da cristalização da 'normalidade heterossexual' revelada tanto na invocação de 'direitos homossexuais' como no apelo ao 'direito à diferença', é necessário afirmar o 'direito à indiferença', pelo respeito às diversas modalidades de orientação sexual, todas sob o pálio de uma mesma regulação geral (Rios, 2002: 131).

Não podemos esquecer, como leciona Pérez Luño, que a dignidade da pessoa humana alcança uma dimensão intersubjetiva "partindo da situação básica do ser humano em sua relação com os demais (do ser com os outros), ao invés de fazê-lo em função do homem singular, limitado à sua esfera individual" (*apud* Sarlet, 2003: 111).

Do reconhecimento dessa dimensão da dignidade da pessoa humana decorre que a postura adotada no acórdão, de estabelecer uma hierarquia, inferiorizando uma determinada orientação sexual, viola a proteção à honra, à intimidade e ao livre desenvolvimento da personalidade, asseguradas na Constituição Federal (Sarlet, 2003: 113; Brauner, 2004: 276).

Tal postura é arbitrária (Alexy, 2002: 395) e discriminatória (Rios, 2002: 33), autorizando a crítica formulada por Dalmo Dallari, quando afirma que "O direito consagrou um princípio de que 'todos são iguais perante a lei', mas, além disso, é preciso afirmar que 'todos são iguais perante o juiz', como parte do pressuposto da igualdade de todos em direitos e dignidade" (Dallari, 2002: 147-148).

Examinados os argumentos de natureza religiosa que sustentam a posição jurisprudencial vencida no TJRS, passo à análise das entrevistas realizadas com os magistrados.

4. Como pensam os magistrados

Para a análise das entrevistas, foi necessário estabelecer uma divisão do material, a partir de dois eixos principais, sob a perspectiva das religiosidades e das concepções de família. Na primeira parte, é analisada a trajetória pessoal dos entrevistados, relativamente ao seu contato com a religião, seja através de uma formação institucionalmente religiosa, ou por meio de uma formação familiar calcada em valores religiosos. Serão também examinadas as vivências religiosas em nível de adesão a cultos religiosos e o modo como atualmente o entrevistado participa ou não de atividades religiosas, bem como sua percepção quanto ao seu próprio pertencimento religioso.

Na segunda parte, serão apreciadas as questões acerca das distintas concepções sobre homossexualidade, inclusive no que diz respeito à própria trajetória pessoal dos entrevistados, como sua eventual convivência com *gays* ou lésbicas, além do impacto que essa experiência pode gerar no futuro enfrentamento de questões jurídicas ligadas ao tema da homossexualidade. Também serão examinadas as respostas dos entrevistados às questões relacionadas à cidadania sexual e laicidade, tomando-se como ponto de partida suas concepções sobre família.

A partir dos discursos, estabeleceu-se uma comparação entre a argumentação dos dois magistrados que se posicionaram nas entrevistas pelo não reconhecimento das uniões *gays* em face das restrições de ordem legal, analisando-se as contradições presentes nos seus discursos e os contrastes entre seus argumentos e o conteúdo das respostas dos demais entrevistados.

4.1. Religiosidades

4.1.1. Pertencimento religioso

Entre os entrevistados apenas dois afirmam que não tiveram formação religiosa, ao passo que os outros nove afirmaram possuir formação católica. Desses nove que receberam formação católica, sete informam que abandonaram a religião.

Dos onze entrevistados, apenas dois afirmam possuir algum pertencimento religioso. Um deles se considera católico praticante. Casado há décadas com a mesma mulher, percebe-se, por isso mesmo [longa duração do casamento] "um pouco superado" em relação aos costumes atuais. Em relação aos filhos, informa que lhes proporcionou uma iniciação na Igreja Católica – enquanto instituição, lamentando que "hoje em dia é muito difícil levá-los" (D.)[68].

Quanto ao segundo magistrado que se declara religioso, o mesmo afirma "sou maçom e sou católico, gosto do espiritismo, gosto da umbanda, leio também esoterismo e estudo astrologia" (A.). Quanto à prática religiosa, refere que de vez em quando vai à missa, salientando que não o faz nem por dever religioso, nem por obrigação, mas porque "me sinto bem indo lá, ficando quieto lá, assistindo àquele cerimonial, me dá um certo conforto, uma certa paz lá dentro, é um refúgio para mim" (A.). Esse entrevistado refere que encaminhou os filhos para a Igreja Católica, mas atualmente, já adultos, nenhum deles frequenta qualquer religião.

Ainda no que tange à sua formação, parece interessante observar que o mesmo faz questão de destacar sua independência em relação à doutrina católica, comentando que "eu não tenho medo de ler nada, livro proibido ou não proibido. O que for, eu sempre li, não é. Então eu sempre procurei preservar a minha liberdade intelectual, minha individualidade, uma coisa que eu dou muito valor" (A.). Essa referência à literatura, aparece na fala de outro entrevistado como ferramenta libertadora: "deixei a Igreja Católica

---

[68] No que diz respeito à formação religiosa dos filhos, estou considerando apenas a formação institucional e não a passagem por escolas privadas de matiz religioso. Destaco, porém, que outros magistrados referem que os filhos foram educados em escolas religiosas. Contudo, por se tratar de magistrados cujos filhos viveram em pequenas cidades do interior durante a idade escolar, a opção não esteve vinculada ao desejo de que os mesmos recebessem uma formação religiosa *stricto sensu*, visto que no Brasil em geral, e nas pequenas cidades em particular, há uma preponderância de escolas privadas de matiz religioso.

aos doze anos, quando comecei a ler Descartes. Descartes foi quem me afastou da Igreja Católica" (E.).

A respeito do abandono da religião, outros magistrados vinculam o afastamento da religião católica à descoberta de práticas sexuais condenáveis por parte de membros do clero. Trata-se, nesses casos, de crianças (ou adolescentes) que tendo sido iniciados na confissão católica, foram expostas ao conhecimento de condutas sexualmente inadequadas, praticadas justamente pelos adultos reconhecidos pela Igreja como capazes de prestar orientação moral e espiritual:

> Essa é uma coisa [pedofilia] que me serviu também para botar a correr da Igreja Católica, porque quando eu era guri lá no interior, tinha o time do padre, tinha futebol do padre com a gurizada, mas só jogava, diziam as más línguas, que pra jogar no time do padre tinha que passar pelo padre, quer dizer, como eu... vamos dizer, essa curiosidade eu mantive, eu nunca joguei no time do padre (I.).
> Depois comecei a ver determinados comportamentos que me afastaram, fizeram com que eu simplesmente perdesse a fé. Uma manhã eu cheguei no colégio e os internos me contaram a história do irmão que vinha se repetindo há muito tempo. Ele tirava um aluno do dormitório. Eu não sei se ele fazia o aluno se masturbar na frente dele ou então masturbá-lo ou coisa que o valha. Eu sei que se o aluno se recusasse a praticar esse tipo de coisa, ele não deixava dormir. Ele botava o aluno na parede e ele amanhecia o dia ali, na parede. E foi o dia em que o rapaz o denunciou (B.).

Às referências de um contato – na infância – com o catolicismo se segue a ausência, entre os entrevistados, de contato com outros credos na sua infância, à exceção de apenas um dos entrevistados, o qual refere práticas religiosas diversificadas por parte de sua mãe:

> Tem essa questão católica, minha mãe tem uma formação religiosa muito forte, batuque, candomblé o que aparecia ela ia, espírita, ela fazia tudo, o forte mesmo era a religiosidade dela (L.).
> Quanto aos demais entrevistados, todos nove afirmam não ter práticas religiosas, ainda que um deles (B.) mitigue essa afirmação, relatando que quando sente necessidade vai a uma sinagoga.

Quanto às suas identidades religiosas, dentre esses nove que afirmam não ter pertencimento religioso, três afirmam-se ateus e dois se reconhecem como agnósticos. Os outros quatro afirmam simplesmente "não ter religião".

Dentre esses nove que atualmente não têm prática religiosa, apenas um informa que os filhos tiveram formação religiosa, tendo sido batizados, realizado a primeira comunhão e sendo inclusive crismados. Contudo, afirma que atualmente nenhum de seus filhos frequenta a Igreja, acrescentando que só muito eventualmente isso acontece.

Os demais (oito), conforme suas narrativas, não encorajaram os filhos a seguirem os ensinamentos de nenhuma religião. Com relação aos sacramentos, apareceram algumas referências ao batizado, e mesmo ao casamento religioso como uma concessão ao cônjuge ou à família do cônjuge, conforme ilustra a fala de um dos entrevistados: "Eu não batizaria. Mas sabe como é, a gente casado, com filho pequeno, o meu sogro insistiu que eu batizasse e a mulher também, então acabei batizando" (B.).

Todos os entrevistados são (ou foram) casados e têm filhos. Alguns são casados pela segunda vez, sendo que vários têm filhos também no segundo casamento.

Em relação ao tempo de serviço, a maioria está ou esteve (no caso dos aposentados) no Judiciário por trinta anos. Os mais jovens integram a carreira por pelo menos vinte anos. Foram entrevistados sete magistrados na ativa e quatro aposentados.

Dois entrevistados já aposentados fazem referência à antiga Liga Eleitoral Católica (LEC) e sua atuação nos anos de 1950.[69]

Nesse ponto, procura-se contextualizar suas trajetórias, lembrando que a grande maioria já era magistrado ainda antes de ser aprovado o divórcio no Brasil, bem como, certamente vivenciaram um período – anos setenta – no qual o país estava sob uma ditadura militar e a influência da religião, notadamente a Igreja Católica, era mais expressiva na vida cotidiana.

Quanto aos únicos dois entrevistados que se percebem como religiosos praticantes, ambos assumem um discurso de autonomia em relação à sua religiosidade. Especificamente quanto à doutrina católica, ambos manifestam sua inconformidade acerca da postura da mesma, que percebem como retrógrada:

Mesmo um dos entrevistados que se diz mais religioso e que foi o autor de uma das primeiras decisões que reconheceram a união *gay* possui uma leitura bastante particular dos princípios religiosos no que concerne à sexualidade. Os princípios que imputa à religião (tolerância, liberdade de pensamento) são aqueles que, de fato, vão

---

[69] No Brasil, a aposentadoria do magistrado é compulsória – obrigatória – aos setenta anos de idade.

de encontro às diretrizes atuais da Igreja Católica, particularmente no que se refere à união entre pessoas do mesmo sexo. Contudo, é interessante notar como na perspectiva do entrevistado, sua posição é coerente com os princípios da religião católica, consoante a fala abaixo:

> Minha formação é inteiramente uma formação católica, sempre estudei em colégios católicos, me considero católico ainda, de ir à missa e tudo, e rezar e tal. (...) Em nenhum momento ao tomar essa decisão eu me senti comprometido com os meus princípios religiosos. Porque eu achei que até estava praticando uma tolerância, uma liberalidade de pensamento, usando, né, até os princípios cristãos para decidir isso, até dando uma visão cristã de respeito à pessoa, de tolerância, de, de vendo, como diz um, um místico alemão, que diz assim que nós devemos ver na face de cada irmão uma face de Cristo. Então até acho que nesse caso eu conseguia divisar a face de Cristo ao tomar essa decisão (A.).

Fica visível também na fala de outro entrevistado que mesmo ao contrariar o ensinamento de sua Igreja sobre o tema, ele acredita estar praticando um ato verdadeiramente cristão, um ato, portanto, que não contraria sua moral religiosa, mesmo que não esteja de acordo com a diretriz da hierarquia católica:

> Eu, como cristão, eu acho que a Igreja tem que mudar, pois eu não vejo muita diferença na prática, entre uma criança adotada e criada por um casal de homens ou de mulheres como um casal tradicionalmente organizado, porque às vezes um casal organizado de forma tradicional, homem e mulher, pode ter uma vida muito pior do que um casal do mesmo sexo, então acho que a Igreja é que demora para certas matérias. Eu acho que o mais importante é o aconchego, é o amor, é o futuro, quando se dá lastro para uma criança, eu acho que a Igreja prega paz e amor e também acho que é um ato de amor um casal que tenha condição e possibilidade e opção de adotar. Eu questiono muito da minha Igreja, essas "velharias", eu acho que como cristão se cultua a fé e tal, mas se questiona a Igreja, se cobra da Igreja uma mudança (D.).

Relativamente às práticas religiosas e atividade jurisdicional, há também entrevistados que referem ser frequentadores da Igreja, no entanto consideram que tal prática não lhes retira sua autonomia quanto ao entendimento próprio sobre os temas ligados à sexualidade, ainda que se afastando da doutrina religiosa sobre o tema.

Um outro dado interessante, visto que revela a difusão da doutrina católica por meios não institucionais, é que nenhum dos entrevistados parece capaz de referir algum texto/documento específico da Igreja Católica que trate do tema da homossexualidade. Isso, contudo, não se constitui em obstáculo para que todos os entrevistados fossem capazes de identificar a doutrina católica como contrária ao reconhecimento das relações entre pessoas do mesmo sexo.

Conclui-se então, que a doutrina católica parece estar inserida em nossa cultura, ao ponto de os entrevistados não demonstrarem nenhuma dificuldade em reconhecer a posição da Igreja Católica relativamente ao tema das uniões *gays*, mesmo desconhecendo textos doutrinários específicos.

Uma possibilidade que não pode ser descartada é a de que nos tempos da infância, através dos primeiros contatos com a religião católica, tenham desde logo tomado conhecimento das condenações da Igreja em matéria de sexualidade, as quais, mesmo sem estar alicerçada em uma referência textual, podem ter sido suficiente para perpetuar o sentido de proibição de determinadas práticas sexuais.

Por outro lado, é preciso explicitar que, se em alguma medida o próprio pesquisador pode ter enunciado questões que apontam para essa linha de pensamento (conforme roteiro de entrevista anexo), pode-se também constatar que essa postura da hierarquia católica é pública e notória e, em alguma medida, parece estar incorporada no senso comum dos magistrados.

4.1.2. Justiça e moral religiosa

Nas entrevistas, apareceram diversas referências à existência de influência religiosa nas decisões judiciais. Dentre outras menções, a fala abaixo demonstra como entre os colegas de magistratura esse traço é distinguido sem muita dificuldade:

> Eu acho que esse tipo de influência [religiosa] é, digamos, mesmo não confessada, não reconhecida muitas vezes, ela é evidente, assim como todas as influências que nós recebemos ao longo da vida. Eu vejo, por exemplo, magistrados que tenham sido seminaristas são bem identificáveis (E.).
> O fato de nós termos o país mais católico do mundo acaba, de alguma forma, influenciando no senso comum de algumas pessoas e, por que não, dos juízes. E os juízes acabam então, de alguma forma, influenciando-se com isso, direta ou indiretamente, mas quando se vai cotejar o que eles dizem e o que o Papa diz, a gente vê que é igual. Mesmo que eles possam ter alguma crítica pessoal, ou não serem tão beatos ou tão católicos quanto o Papa, mas de qualquer forma eles acabam se repetindo, então acaba tendo um tipo de influência um pouco mais ideológica, de formação, da forma de ver o mundo (L.).

A reação dos magistrados à identificação de uma postura jurisdicional influenciada por valores religiosos não é uniforme. Enquanto alguns entendem que essa visão particular não deveria influenciar no momento de julgar, outros acreditam que tal influência seja inerente à pessoa, destacando a necessidade de que, através da fundamentação da decisão, seja possível identificar eventuais subjetivismos baseados em crença religiosa.

Assim, por um lado a possibilidade de uma decisão judicial estar informada por valores religiosos é prontamente rechaçada, como se vê abaixo:

> Como laico, um laico praticante, eu acho que ele tem que se esquecer da religião dele (...) os parâmetros da decisão dele tem que ser totalmente outros. Tomara que ele consiga. Assim como eu consigo, procuro fazer não tendo parâmetros nesse momento. E já tive, acho que isso aí é uma questão de exercício, é uma questão de exercício (C.).

Por outro lado, o que se constatou nas entrevistas é que diversos magistrados entendem que a imparcialidade não se confunde com uma suposta neutralidade, devendo os magistrados ser cobrados no que diz respeito à natureza dos argumentos utilizados para fundamentar suas decisões:

> Eu estou dizendo que o juiz tem que ser imparcial, agora, neutro a valores não existe ninguém. (...) Então até costumo dar um exemplo, o juiz fanaticamente comunista e um juiz desesperadamente capitalista jamais vão decidir da mesma forma um conflito sobre posse e propriedade, é inumano, não tem como. Por isso a fundamentação é tão relevante, porque aí não fica só no subjetivismo, eu sou comunista, eu decido assim, eu sou capitalista eu decido assim. Ele vai ter que colocar dentro do sistema jurídico a fundamentação e a religião também influi nisso aí, sem dúvida alguma. (H.).

Para alguns magistrados, a doutrina católica é percebida como retrógrada no que diz respeito à sexualidade, considerando que a mesma não acompanha o desenvolvimento social quanto ao padrão socialmente aceitável de comportamentos sexuais. Nesse caso, entende-se que a religião não é tomada como um conjunto de regras a ser estritamente obedecidas, mas entendida a partir de princípios como o amor, a fraternidade, a paz.

Outro entrevistado mostra-se mais propositivo quanto à postura da Igreja Católica, referindo a necessidade de que a instituição se atualize quanto às questões ligadas à sexualidade:

> Eu acho que a Igreja tem que se adaptar às situações normais da vida, eu acho que a Igreja Católica está muito apegada a tradições que já foram, há muito, superadas. Tu não podes sustentar uma fé em coisas que não existem mais, quer dizer, não é o normal da vida, o normal da vida hoje é um casal separado. Não sei em termos de percentual, não conheço nenhum estudo, mas o normal da vida é um casal separado, são filhos criados em dois ou três ambientes, isso é o normal da vida, o preservativo é o normal da vida, não é? (J.).

Em relação aos posicionamentos da Igreja, particularmente da Igreja Católica, alguns entrevistados referiram que está ocorrendo um movimento de retrocesso dentro da instituição. Mencionaram os posicionamentos "progressistas" dessa Igreja em favor dos pobres que havia antes, mesmo na época da ditadura. Por outro lado, reconhecem que a posição atual da Instituição é bastante conservadora, sobretudo no que concerne à sexualidade.

Dessa percepção, surgem críticas também em relação ao despreparo dos jovens quanto à sua própria sexualidade. Nesses casos, referindo-se à questão da gravidez indesejada, um entrevistado destaca a responsabilidade da cultura religiosa, afirmando que as jovens, porque mal orientadas "depois têm que recorrer ao aborto" (G.).

Um dos entrevistados, porém, baseado na sua experiência profissional, salienta que há uma distância entre o que o Papa diz e o modo de atuação dos padres. Citando como exemplo a questão do uso de preservativos por adolescentes abrigados em instituições sociais vinculadas a setores religiosos, salienta que "eles sabem que o guri tem que sair e usar camisinha pra se cuidar e eles dão [camisinha] pros guris. Quem está ali, com o abacaxi na mão não é o Papa, são eles, né?" (C.). Do mesmo modo, agora referindo-se a outros dogmas católicos envolvendo questões de Direitos Sexuais e Direitos Reprodutivos, destaca a liberalidade que percebe no modo de atuar de alguns atores religiosos em relação à doutrina católica do Vaticano: "Não, na prática eles não vão condenar ninguém porque fez um aborto, porque casou de novo" (C.).

Nota-se, em alguns entrevistados uma capacidade crítica acerca do modo como as decisões judiciais podem estar impregnadas por valores religiosos:

> Por que o Papa [na sua visita ao Brasil em 2007] não conseguiu juntar as pessoas? Porque veio ditar ordem "não se pode fazer isso, não se pode fazer aquilo", e eu juntei o que o Papa dizia com aquilo que os juízes que não reconhecem uniões homossexuais dizem, quer dizer, "dar lições de moral". Os juízes que não reconhe-

cem [as uniões *gays*] fazem a mesma coisa que o Papa estava fazendo. O fato de nós termos o país mais católico do mundo acaba de alguma forma influenciando no senso comum de algumas pessoas e por que não dos juízes. E os juízes acabam, então, de alguma forma se influenciando com isso, direta ou indiretamente, mas quando se vai comparar o que eles dizem e o que o Papa diz, a gente vai ver que é igual (L.).

Se no Rio Grande do Sul a influência religiosa aparece de forma velada, uma vez que não se encontram decisões judiciais explicitamente baseadas em textos religiosos, a situação é diversa em outros tribunais brasileiros. Em trabalho de pesquisa sobre moral cristã, lei natural e relações familiares, Rosa de Oliveira teve oportunidade de entrevistar magistrados que explicitamente empregaram suas convicções religiosas para justificar sua resistência em relação a demandas por reconhecimento de uniões *gays*, como no exemplo a seguir, extraído da fala de um desembargador do Tribunal de Justiça de Minas Gerais:

> Pode ser que em razão da minha idade, da minha criação, da minha religião, [...] de qualquer forma, eu sou católico apostólico romano, a minha mãe é uma mulher muito religiosa e tentou passar isso pra gente. Eu estudei em seminário, colégio de padre, essa coisa toda, então veja bem, eu percebo que é uma questão de cultura, eu não aceitei ainda esta entidade familiar constituída de dois homens e duas mulheres (Oliveira, 2007: 143).

O fato de que esse magistrado mineiro se refira à sua formação religiosa, descrevendo-a como causa de sua resistência às uniões *gays*, para depois concluir que se trata de uma "questão de cultura" e não de uma "questão de religião" é uma boa pista sobre o modo como os valores religiosos estão integrados às nossas representações culturais. Naturalizados, tais valores passam a ser reproduzidos sem que sequer haja uma reflexão em relação à religiosidade e, muito menos, a respeito da laicidade dos julgamentos.

Uma determinada forma de ver e classificar o mundo, com base em um sistema, uma concepção e uma linguagem religiosos foi transmitida ao magistrado através de um processo de socialização – sua mãe religiosa, seu colégio religioso. Assim, passa a ser "natural" que a ordem do mundo seja essa, visto que reflete a forma mesmo de ele "ver" o mundo (Lévi-Strauss, 1997): através uma determinada "cultura religiosa" impregnada de uma determinada moral sexual.

4.2. Concepções de família

As diferentes visões de mundo dos magistrados ficam evidenciadas quando se analisa suas divergentes concepções de família. Essas concepções é que irão, em última instância, determinar sua disposição para admitir ou não a conjugalidade *gay*. Através da análise das entrevistas, busca-se encontrar os elementos reveladores das categorias de pensamento dos magistrados, permitindo que se identifiquem as razões pelas quais decidem de tal forma.

Nesse sentido, antecipando-se o referencial teórico que será utilizado para a análise, afirma-se que a decisão judicial que declara os cidadãos *gays* e cidadãs lésbicas inaptos para acessar o instituto do casamento através do Poder Judiciário, impacta não apenas o casal que ajuizou o pedido, mas, como destaca Bourdieu, reforça para o conjunto da sociedade, uma determinada postura relativamente às possibilidades de realização social daquelas pessoas que não se conformam à heteronormatividade (Bourdieu, 1999: 77).

Também por meio de Bourdieu, compreende-se a importância do instituto do casamento (união estável, entidade familiar) como instrumento privilegiado para a reprodução da heteronormatividade, cuja lógica conduz à rejeição da possibilidade do casamento *gay*. Nas palavras de Bourdieu, "os Estados modernos inscreveram no direito de família, especialmente nas regras que regem o estado civil dos cidadãos, todos os princípios fundamentais da visão androcêntrica" (Bourdieu, 1999: 105).

Assim, quando o Estado-juiz afirma ao cidadão *gay* ou à cidadã lésbica que eles não têm o direito de acionar a Constituição Federal em busca de seus direitos fundamentais (como constituir uma família através do casamento), esse Estado-juiz está reforçando que *gays* e lésbicas no Brasil são cidadãos de segunda categoria relativamente ao cidadão heterossexual (este sim, cidadão na plenitude do termo), reproduzindo o preconceito culturalmente assentado, que então se converte em discriminação.

Se pensarmos que a família, a escola e a Igreja são, por excelência, as instituições reprodutoras de nossos modelos sociais, podemos facilmente compreender nossa cultura homofóbica, calcada no ensino religioso (no qual prepondera a moral sexual cristã) difundido em nosso sistema de educação, aliado a uma débil secularização das instâncias do Estado (cujos tribunais ostentam crucifixos) e reforçado por um modelo patriarcal de família, sustentado por um

Estado-juiz cujas decisões reproduzem os valores contidos nessa moral religiosa.

4.2.1. Casais gays

Relativamente à conjugalidade *gay*, torna-se interessante distinguir as diferentes visões dos magistrados acerca da orientação sexual. Nesse contexto, revela-se importante o conhecimento pessoal de cada magistrado acerca da vivência homossexual, não enquanto julgador, mas enquanto pessoa inserida em um determinado agrupamento social.

Alguns entrevistados verbalizam sua dificuldade em lidar com a homossexualidade, a partir de sua formação familiar religiosa, revelando o esforço necessário para superar os valores religiosos homofóbicos que lhe haviam sido incutidos ainda na infância:

> A minha experiência que eu tive, é difícil, a gente foi criado né, de uma forma, e passar a vida recebendo aquela doutrina [católica] e de um momento para outro se deparar com a realidade, ter de enfrentá-la, ter de se despir né, de tudo aquilo que se ouviu e tal. Então eu acredito assim, que há essa possibilidade real que a pessoa por causa da sua formação, digamos, rechaçar qualquer avanço ou qualquer interpretação diferente (D.).
>
> Eu acho que não tanto pela questão religiosa, mais pela forma de criação, a gente foi criado num ambiente que isso [homossexualidade] era uma "coisa". Meu pai, embora fosse uma pessoa extremamente esclarecida, era extremamente preconceituoso com relação a pessoas afeminadas, como se dizia antigamente. Então eu acho que eu venci em razão dessa circunstância de reconhecer exatamente que esse preconceito era uma coisa que tinha que ceder em razão da dinâmica de vida (J.).

Esse contato com uma visão de mundo marcada pela reprovação da conduta homossexual, através da família e da Igreja, numa doutrinação homofóbica recebida ao longo da infância e integrada à formação do indivíduo, conforme expressado pelos entrevistados, constituiu seu sentido de repulsa e rejeição da conduta homossexual (Douglas, 1976), moldando sua visão de mundo sobre o tema da sexualidade. De acordo com os entrevistados, é preciso "se despir" para poder "vencer" o preconceito introjetado ao longo de sua formação (moral sexual cristã) para conseguir reconhecer que as uniões *gays* são dignas e merecem ser legitimadas.

Por outro lado, há um entrevistado que manteve um contato bastante diferente com a homossexualidade durante sua infância e que, segundo sua narrativa, essa proximidade com a conjugalidade *gay* foi uma experiência positiva para que se despisse de preconceitos.

> Quando eu era moleque no interior, na minha vizinhança tinha de tudo, tinha do lado da minha casa, tinha um casal de mulheres. Então todo mundo sabia e ninguém fazia chacota, eram vizinhos como os outros, que iam à feira, faziam compras, conversavam com os outros vizinhos e tal. E aquilo para mim era uma coisa muito normal. E também conhecia parelhas de homens, sexo masculino, que viviam juntos, que a gente sabia até quem era o marido e quem era a mulher. Então eu acho que isso ajudou também, tinha essa questão das vizinhas que se davam com a minha mãe e "não tirava pedaço", e todo mundo respeitava. Então, sei lá, eu acho que tinha essa coisa da tolerância (I.).

Esse mesmo magistrado recorda que, ao se deparar pela primeira vez com um pedido de reconhecimento de direitos de um casal de mulheres, "não me senti chocado quanto à questão da moral sexual", afirmando que "um vai impor pro outro o que a pessoa faz ou pode fazer ou como levam sua vida sentimental, se é com ele ou se é com ela? Eu acho que ninguém pode estar exigindo isso, eu acho que o que mais vi foi uma relação de afeto" (I.).

Nesse ponto, torna-se interessante mencionar que os estudos sobre adoção de crianças por casais *gays* justamente apontam para o fato de que tais crianças, quando adultas, tendem a ser mais tolerantes com a diversidade sexual (Zambrano, 2006). Isto é, pelo fato de terem sido expostas desde cedo a um ambiente no qual a homossexualidade é respeitada e admitida no cotidiano, sentem-se à vontade para conviver com a diversidade sexual. Tendo convivido desde a infância com distintos modelos familiares, essas crianças, mais tarde, tendem a se tornarem adultos que não encontram maior dificuldade em aceitar a diversidade, mostrando-se tolerantes em relação à homossexualidade e outras diferenças relativamente ao desvio padrão da maioria.

Além do argumento da afetividade, os entrevistados referem ainda a importância de a Justiça garantir para todos os cidadãos uma forma de inserção na sociedade, assegurando seus direitos. A possibilidade de encontrar uma fundamentação teórica para o entendimento das uniões *gays*, como relações afetivas, legitima o posicionamento adotado por vários dos entrevistados no que concerne às decisões de adoção ou reconhecimento judicial de casais *gays*.

No que diz respeito à possibilidade de formalizar juridicamente a adoção, por vezes parece haver uma substituição da questão da homossexualidade do casal *gay* em virtude da questão dos benefícios jurídicos que advêm da legalização do vínculo parental. Nesses casos, então, a partir de uma perspectiva voltada para a proteção dos interesses da criança a ser adotada, a decisão pode não estar focada na sexualidade dos adotantes, como transparece na fala de um dos entrevistados:

> Ou seja, não deferir a adoção seria manter a situação como estava, exatamente como estava, com a criança cuidada pelas duas, só que numa relação meramente de fato com a segunda [companheira da mãe adotiva] e sem a proteção jurídica que a adoção proporcionada pela segunda lhe poderia conferir. Ou seja, essa criança não teria direito, na eventualidade desse casal vir a se separar, não teria direito a pensão alimentícia da outra, não teria direito a proteção previdenciária, não teria direito a nada em relação à segunda. Nós estaríamos, ao que me parece, descumprindo o comando constitucional que manda sobrelevar o interesse da criança acima de qualquer outro. Logo, mesmo para aqueles que sejam contrários a uma adoção conjunta, ficariam numa situação extremamente difícil em negar esse tipo de adoção (E.).

A narrativa acima põe em evidência a dimensão prática, inerente à atividade jurisdicional. Na qual, para além das considerações retóricas em torno da questão de direito, surge a necessidade de adequar a norma à situação de fato posta em julgamento, a qual não havia sido prevista pelo legislador.

No entanto, como veremos a seguir, é justamente na questão da possibilidade de adoção de crianças por casais *gays* que irá se acentuar (ou revelar) a resistência ao reconhecimento da homossexualidade como uma dimensão socialmente aceitável de nossa sexualidade.

4.2.2. Problematizando o discurso "legalista"

Os dois entrevistados que se manifestaram contrários ao reconhecimento judicial das uniões *gays* salientam que se trata de uma questão legal e não de preconceito. Ambos referem que, caso a lei fosse explícita no acolhimento das hipóteses de uniões *gays*, não teriam dificuldades em reconhecer essas situações.

A seguir, analisarei com mais profundidade as falas desses dois entrevistados, buscando examinar algumas contradições intrínsecas em seus discursos. Contradições que podem auxiliar na identificação da natureza do obstáculo que não conseguem transpor. Posteriormente, a partir de uma análise da intertextualidade do discurso (Fischer, 1995: 28), tentarei problematizar suas falas à luz da reflexão dos magistrados que reconhecem as uniões *gays* como uniões que merecem ser legitimadas pelo Estado-juiz.

Iniciando pelo entrevistado H., aposentado. Revela que não teve oportunidade de julgar a questão das uniões *gays* enquanto esteve jurisdicionando em uma das Câmaras de Família, o que não o impede de enfrentar a questão de forma bastante consistente, eis que leciona e escreve a respeito.

O entrevistado informa que os pais eram da religião católica, mas que de fato não praticavam. Estudou em colégio mantido por ordem religiosa onde teve oportunidade de se integrar às práticas católicas:

> Houve época em que eu comungava com grande freqüência, depois fui perdendo de forma completa a fé, mas assim de forma completa. Então não tenho religião nenhuma, até mesmo Deus eu não vejo prova da existência. Fazendo uma síntese forte, eu estaria na posição agnóstica, apenas pelo argumento de que o ateu tem que demonstrar que não existe [Deus] apenas por isso (H.).

Quanto à doutrina do Vaticano sobre o tema das uniões *gays*, salienta que discorda da posição da Igreja Católica. Contudo, o foco de sua discrepância parece estar na postura hermética, mais do que no conteúdo doutrinário: "Eu discordo da posição deles, porque a posição deles é de fechamento completo, o meu problema é apenas jurídico, tanto que falei antes que aceito o casamento [*gay*]. Agora, para eles [Igreja Católica] seria um sacrilégio" (H.).

Pode-se dizer que o entrevistado H. demonstra amplo domínio do tema, sobre o qual discorre de forma bem articulada, esclarecendo as razões pelas quais não admite o reconhecimento jurídico das uniões *gays*:

> A dificuldade que eu estou tendo é exclusivamente jurídica. Eu acho que o Tribunal daqui atropelou o Congresso Nacional ao admitir a hipótese [das uniões *gays*], mas é por esse lado só. (...) Eu acho abominável a perseguição de qualquer tipo que façam aos homossexuais, então essa é a dúvida que eu tenho comigo próprio, mas será que eu não deveria mudar de posição juridicamente para, em função desse aspecto, já que eu acho importante para a própria aceitação normal dos homossexuais? Mas ainda estou com essa dificuldade, então, para deixar bem claro, nada contra, até o casamento não apenas a união estável, a dificuldade que eu vejo é apenas no plano jurídico mesmo (H.).

Uma primeira leitura autoriza o entendimento de que o entrevistado esteja, de fato, percebendo a norma legal como causa exclusiva de sua resistência ao reconhecimento das uniões *gays*. Reforça esse entendimento o fato de que o próprio entrevistado alude às vantagens que adviriam do reconhecimento das uniões *gays*, no que tange à redução da discriminação por orientação sexual.

Porém, ao compararmos esse trecho com outras partes de sua entrevista, encontramos algumas pistas importantes sobre como foi sua atuação em outros julgamentos, no que tange à forma de interpretar normas legais cujo conteúdo entendia ser injusto – normas, bem entendido, que não envolviam a questão da homossexualidade.

Referindo-se aos debates jurídicos subsequentes à aprovação do divórcio no Brasil (no ano de 1977), o entrevistado revela outra postura quanto ao modo de interpretar a norma legal, mostrando-se bem mais flexível quanto aos estreitos limites da norma legal:

> Eu me recordo que quando o divórcio surgiu se percebia que entre diferentes interpretações possíveis, todas sustentáveis, que facilitassem o divórcio ou que dificultassem o divórcio, a pessoa mais fervorosamente católica, ela tendia à interpretação que atrapalhasse mais o divórcio, só que aí tem o seguinte, o outro lado também poderia receber a mesma crítica. No caso eu, como eu sempre fui fanaticamente divorcista, eu admito, se a interpretação era razoável, benéfica ao divórcio, eu ficava com ela. Estou admitindo isto, senão seria hipocrisia (H.)

Aqui, não há menção a qualquer dificuldade do entrevistado em fazer valer seu ponto de vista. Constata-se, então, que a dificuldade relatada pelo entrevistado quanto ao reconhecimento das uniões *gays* estar baseada na questão legal, quando muitos outros magistrados já superaram a questão legal através da aplicação dos princípios estabelecidos na Constituição (como o direito à não discriminação), tem de ser problematizada.

Constata-se que com relação às questões decorrentes do divórcio, segundo sua narrativa, bastava ao entrevistado uma "interpretação razoável" para alicerçar suas decisões, fazendo prevalecer seu ponto de vista quanto ao que entendia ser justo.

No plano jurídico, não resta dúvida de que a interpretação favorável ao reconhecimento das uniões *gays* que predomina no TJRS é tecnicamente razoável, como já examinado. A jurisprudência preponderante está baseada nos direitos fundamentais da dignidade da pessoa humana e tratamento igualitário por parte do Estado.

Pode-se, evidentemente, discordar dessa jurisprudência, entretanto ela continua sendo razoável. Nessa hipótese, o entrevistado revela ainda sentir dificuldade em aderir à jurisprudência que admite as uniões *gays*. Sua inquietação, contudo, não está situada – ao menos não exclusivamente – no aspecto legal da questão.

Em relação a esse ponto específico, o entrevistado afirma que "eu sei que existe esta tese que diz que as formas de família que existem na Constituição não são exaustivas e que poderíamos ter mais uma que seria a união homossexual. Eu já não vejo assim, eu acho que ali há uma taxatividade" (H.).

Deve-se esclarecer que o fato de a questão ser de ordem constitucional não interfere na análise da postura do entrevistado, de vez que o ponto aqui é justamente a interpretação que pode ser feita (seja de um artigo de lei ou de um artigo da Constituição) e como essa interpretação depende de vários elementos presentes na trajetória de vida do magistrado.

O que é preciso examinar, então, é o apego do entrevistado a uma interpretação minoritária (no TJRS), quando há uma jurisprudência majoritária (no TJRS) admitindo as uniões *gays* – à qual o entrevistado poderia aderir sem maiores dificuldades no plano técnico-jurídico.

O discurso do entrevistado, defendendo a união *gay*, inclusive como um meio de superar a discriminação que sofrem *gays* e lésbicas, não se ajusta à sua declarada dificuldade jurídica. Isso porque há uma jurisprudência à qual poderia aderir para satisfazer sua postura em defesa das uniões *gays*, nos mesmos moldes em que atendia suas convicções quando se tratava do divórcio, o qual reconhecia como uma questão de justiça.

A contradição entre seu discurso aparentemente progressista e sua postura aparentemente conservadora sugere que a resistência não encontra suas raízes no campo jurídico. Essa sugestão é convertida em evidência, quando o entrevistado, ao referir o quanto o exercício da magistratura o gratificou, salienta justamente a liberdade para decidir de acordo com suas convicções: "pela independência, pela completa autonomia que propicia. Isso foi o que gratificou mesmo, o fato de se poder decidir como quer" (H.).

Uma hipótese para a diferença de postura do entrevistado é que, se nas questões decorrentes da lei do divórcio o mesmo tinha uma convicção firmada sobre o tema, uma vez que era "fanaticamente divorcista" ele mesmo se serviu de tal possibilidade jurídica, o que não acontece com relação ao tema da conjugalidade *gay*.

Essa hipótese ganha força quando se analisa um outro trecho de sua entrevista, no qual trata da questão da possibilidade de adoção de crianças por casais *gays*, ocasião em que o entrevistado admite não ter formado convicção a respeito:

> Claro que a grande discussão é psiquiátrica, mais do que jurídica. (...) Posso ter certeza que sou divorcista ou contra a pena de morte, agora isso eu tinha dúvida, sempre tive, porque os próprios psiquiatras se dividiam, então estava sempre na dúvida e repensando aquilo (H.).

Contudo, importante relembrar que em relação ao tema do divórcio também havia objeções, no campo da psicologia e da psiquiatria, relativamente aos malefícios da dissolução da família para os filhos do casal.

Portanto, mais do que o apego à letra da lei, estar convicto do direito ao divórcio e não estar convicto dos direitos de *gays* e lésbicas a um tratamento igualitário parece ser o diferencial entre as posturas relatadas pelo entrevistado quanto a conseguir – ou não – julgar de modo a preservar sua convicção.

Passando-se ao segundo entrevistado, B., também já aposentado. Filho de mãe católica praticante e de pai que não era religioso. Ia à Igreja "porque a mãe levava", depois de adolescente, nas suas palavras "fui, fui um tempo".

Estudou em colégio religioso, e relata uma passagem que considera importante para a sua compreensão dos métodos da Igreja Católica:

> A Liga Eleitoral Católica era um mecanismo dentro da Igreja Católica que orientava os católicos a votar nos candidatos da Igreja, candidatos que eles podiam manipular. (...) O irmão diretor, certa ocasião me chamou e disse o seguinte: "o senhor tem certa liderança na classe, então nós temos que eleger o Fulano para o Centro Acadêmico, e não o Beltrano, porque ele é comunista, e nós precisamos de uma pessoa que a gente diga sim, ela diga sim, que a gente diga não e ela diga não. Então é uma pessoa que a gente possa manipular" E aí eu entendi como é que a Igreja agia (B.).

Destacando sua preocupação com a questão da manipulação religiosa, refere-se ao avô paterno, enaltecendo sua condição de maçom, valorizando sua independência: "Meu avô era maçom. Meus tios paternos eram maçons. Eram homens independentes, como era o meu pai também". Retomando sua relação com o catolicismo enquanto herança religiosa recebida de sua mãe, expressa-se com uma frase reveladora da inconsciência de estar reproduzindo as categorias de pensamento que acredita ter superado: "naquele tempo, eu era criança e minha mãe era católica. Até uma religião que, graças a Deus, eu me livrei do catolicismo" (B.).

Sobre suas atuais práticas religiosas, revela que atualmente está mais ligado ao Judaísmo do que ao Cristianismo, destacando: "Se eu sinto necessidade, vou à sinagoga" (B.).

Quanto ao reconhecimento das uniões *gays* pelo Judiciário, informa que teve oportunidade de julgar a questão das uniões *gays*, posicionando-se contrariamente ao pedido. Justifica-se: "eu sempre fui legalista", afirmando que se posiciona contrariamente ao reconhecimento das uniões *gays* pelo Judiciário. Pode-se afirmar que o seu discurso está atrelado à questão da ausência de previsão legal:

> Eu não reconheço, em primeiro lugar porque a Constituição é bastante clara. A própria Constituição [afirma que] são as pessoas de sexos diferentes que podem transformar essa união estável em casamento. Então como é que vai se transformar num casamento de dois homossexuais? Não existe casamento de homossexuais (B.).

Essa fundamentação com base no texto constitucional perde consistência quando, em outro momento da entrevista, o magistrado retoma a questão sem a mesma convicção demonstrada anteriormente:

> É por isso que eu nunca reconheci a união homossexual como união estável, porque não há previsão legal. Se houvesse lei, não teria dúvida. Mas não há previsão legal. A lei, a lei exclui. Eu até acho que a própria Constituição fala isso, não fala? (B.).

Todavia, a análise de outros trechos da entrevista revela como a sua postura não decorre exclusivamente da inexistência de uma regulamentação legislativa das uniões *gays*. Para além da questão técnico-jurídica, sua fala contém trechos nos quais se pode apreender sua concepção sobre homossexualidade, à qual contrapõe sua noção de família.

> Não posso, vamos dizer assim, fazer com que a pessoa mude seu comportamento. Eu acho que o homossexualismo é genético (...) Mas eu acredito mais que seja genético. O indivíduo não consegue se liberar da sua homossexualidade. Agora, há também casos em que, por exemplo, na infância, às vezes, um rapaz apresenta um comportamento homossexual e depois acaba tendo família e não se fala mais

nesse assunto. Assim como uma moça também. É interessante a homossexualidade (B.).

Sua narrativa descreve a conduta homossexual como algo negativo, como um comportamento do qual a pessoa não consegue se desvencilhar. Como contraponto, refere-se à família enquanto modelo de redenção daqueles que – em algum momento da infância ou adolescência – tiveram experiências homossexuais, mas conseguiram superar a homossexualidade (classificada então como um problema a ser superado) em favor da conjugalidade heterossexual. Sua visão excludente da homossexualidade como passível de reconhecimento jurídico fica assim resumida: "família é homem e mulher, né? Pai e mãe, né?" (B.).

Em outro momento da entrevista, o magistrado refere suas impressões pessoais (lembranças de sua infância) sobre o modo como um rapaz cuja condição de homossexual era conhecida na pequena cidade do interior do Rio Grande do Sul, via-se discriminado nas missas dominicais, às quais frequentava (a exemplo do entrevistado que era levado pela mãe) por ser ele um rapaz muito religioso:

> Então ele ia à Igreja todos os domingos e comungava e tudo. Mas o banco onde ele sentava não sentava mais ninguém. Ele ficava sozinho e às vezes a Igreja ficava cheia, a Igreja Católica. Tinha pessoas no corredor, encostadas na parede e tudo, E ele sozinho no banco. Recusavam-se a sentar ao lado dele (B.).

A descrição do modo como o rapaz era discriminado pela comunidade da Igreja harmoniza-se à perfeição aos elementos caracterizadores do estigma descrito por Goffman (1988). Uma vez atribuída ao rapaz a condição de homossexual, o mesmo é rotulado e passa a ser identificado pela comunidade da pequena cidade em geral, e pela comunidade da Igreja em particular, em razão de seu comportamento desviante, logo estereotipado como negativo, tornando-se alvo da discriminação por parte da sociedade.

Essa ideia de uma situação de estigmatização acaba reforçada pela narrativa do entrevistado, que descreve como a cena lhe chamava a atenção, mas nada fazia para intervir. Nas suas palavras, esse rapaz e seu irmão, igualmente *gay*, "eram folclóricos na cidade".

Finalmente, o entrevistado, confirmando a noção de estigma na qual quando certas populações ou categorias são estigmatizadas, a sociedade está justificada para tratar seu desvio através do controle social, refere-se a um episódio acerca de um dos irmãos já referidos, no qual "prepararam uma cama de urtiga pra um deles, e aí, quando ele foi deitar, os outros todos que estavam escondidos, quando ele deitou, tirou toda a roupa, caíram em cima dele com um chumaço de urtiga e deram uma sova de urtiga" (B.).

Retomando a situação na qual o rapaz era isolado no banco da Igreja durante as missas dominicais, o entrevistado afirma que "Hoje, se eu tivesse a cabeça que eu tenho, eu era o primeiro a sentar ao lado dele" (B.). Contudo, essa declaração parece estar mais ligada à sua disposição de prestar solidariedade ao rapaz, ou marcar uma posição politicamente correta, do que propriamente reconhecer igual dignidade ao mesmo.

Tal constatação decorre do modo como o entrevistado se refere à homossexualidade, na qual faz questão de ressaltar "não tenho prevenção nenhuma, não é?". Entretanto, ao se posicionar contrariamente à adoção de crianças por casais *gays*, o entrevistado deixa transparecer seu conceito negativo acerca do comportamento *gay*, desfazendo-se sua aparente neutralidade quanto à homossexualidade:

> Eu seria mais por não dar a adoção, porque esse comportamento do pai ou da mãe, ou seja, duas mulheres ou dois homens, ele, o menino, ia, vamos dizer assim, ia levar como comportamento positivo para ele a homossexualidade do pai (...) ela [criança] vai eleger esse tipo de comportamento. Eu acho que isso aí então, talvez não fosse bom para a criança. (...) Porque na realidade a homossexualidade não é como um relacionamento homem-mulher, é uma coisa que até agride, o senhor ver dois homens se beijando, duas mulheres se beijando. O senhor sofre, assim, certo impacto, né? (B.).

Reforçando sua valoração negativa da homossexualidade, o entrevistado relata sua surpresa ao ler o conteúdo de algumas cartas que foram juntadas em um processo judicial, a fim de fazer prova da relação lésbica de uma mulher:

> Tive um caso em que a sogra encaminhou para o genro as cartas que a mulher, filha dela, escrevia pra amante homossexual. Então ele entrou em juízo juntou aquele calhamaço de cartas. (...) eu levei pra casa aquele processo, li todas as cartas e não eram cartas, assim, pornográficas ou que tratassem de sexo. Muito pelo contrário: eram cartas bastante sérias, eram cartas de amor (...) tanto é que essas cartas eram umas cartas muito bonitas de serem lidas (F.).

A própria expectativa do entrevistado no sentido de que eventual correspondência entre duas mulheres seria de conteúdo pornográfico remete a um imaginário estereotipado acerca do que sejam os relacionamentos afetivo-sexuais vivenciados por *gays* ou lésbicas.[70]

Pode-se questionar se a sua valoração negativa da homossexualidade está diretamente ligada às raízes de sua formação religiosa. Contudo, a questão não é saber se o magistrado se libertou das práticas religiosas, nem da religiosidade em si. O mais importante é perceber se o magistrado continua utilizando as mesmas categorias de pensamento que lhe foram incutidas na infância relativamente à homossexualidade.

4.2.3. Laicidade na prática

Examinadas as posturas dos entrevistados que se manifestam pelo não reconhecimento das uniões *gays*, torna-se ainda mais relevante, para os objetivos deste estudo, investigar o que diferencia os magistrados que sustentam a rejeição judicial às uniões *gays* daqueles que têm construído a jurisprudência pioneira do Tribunal de Justiça do Rio Grande do Sul. O que torna esses magistrados capazes de ultrapassar os limites que para outros representam obstáculos intransponíveis?

Primeiramente, pode-se tomar como parâmetro a noção jurídica de família, para se contrapor à forma de interpretar o ordenamento jurídico brasileiro – Constituição Federal e legislação ordinária – que regulamenta a matéria relativa à união estável.

Comecemos por um entrevistado que salienta de que forma, na sua ótica, deve ser feita a distinção entre o raciocínio jurídico doutrinário (abstrato, acadêmico) e o raciocínio jurídico efetuado diante de uma demanda judicial (concreto, jurisdicional), colocando-se na condição de magistrado que tem de enfrentar o conflito posto em lide, para dizer se aquela determinada situação de fato

---

[70] Quanto ao reconhecimento do casal *gay* como um casal de pessoas envolvidas amorosamente e não apenas pensados enquanto parceiros sexuais, a professora de Direito e Ética na Universidade de Chicago, Martha Nussbaum, transcreve a surpresa de um juiz norte-americano ao ler Platão e descobrir que a obra *Symposium* era a defesa de um amor entre dois homens: "Eu sabia que se tratava de amor. Mas isso era tudo que eu sabia. Fiquei surpreso ao descobrir que se tratava de uma defesa, muito interessante e bem articulada, de um amor homossexual. Nunca havia me ocorrido que a maior figura da história da filosofia, ou mesmo que outra figura respeitável da história do pensamento houvesse atentado para esse tema. Conclui que a discussão sobre esse tópico, no famoso caso *Bowers v. Hardwick* foi superficial" (Nussbaum, 1999: 300).

– convivência entre duas pessoas do mesmo sexo – constitui ou não uma família. Esclarece que "nessa perspectiva em que eu trabalho, que é um trabalho jurisdicional, é preciso ter leveza no limites, entende, para poder eventualmente estender alguns conceitos" (L.).[71]

Referindo-se aos magistrados que não reconhecem as uniões *gays*, salienta a inexistência de um confronto no plano das ideias, ao revelar uma verdadeira frustração pela ausência de debate sobre o tema. Esse relato reforça a ideia de que a rejeição judicial às uniões *gays* está pautada pelo não enfrentamento do mérito da causa, refugiando-se na questão formal (legalista) da ausência de previsão legal:

> Eu sou capaz de fazer o seguinte, se tu me disser vai vir tal desembargador para cá, eu só vou dizer "esse aí não vai dar" [não irá reconhecer as uniões gays]. E o que tem de mais interessante, desafiante, é saber o que tem na cabeça dessas pessoas, que eles não vão dar, porque tem alguma situação, sabe, alguma coisa quase invisível, talvez invisível, que não conseguem fazer e o mais incrível é o seguinte, é que quando tu vais para o debate jurídico, para o enfrentamento da questão do direito mesmo (...) não se sustentam essas posições, nem há um enfrentamento (...) são tão arraigadas essas posições que não se discute (L.).

Esse entrevistado parece identificar alguma coisa "que não pode ser vista" na argumentação daqueles que se posicionam contrariamente ao reconhecimento das uniões *gays* – cujos fundamentos parecem ser "invisíveis" aos olhos do entrevistado.

Outro entrevistado compartilha essa noção de que admitir a existência de um empecilho de ordem legislativa parece representar um subterfúgio para não abordar a questão da conjugalidade *gay*, uma estratégia para não enfrentar o mérito da questão:

> No início, sinceramente, eu estive um pouco em conflito entre simplesmente rejeitar, enfim, ficar numa postura mais tradicional "onde a lei não contempla o juiz

---

[71] Sobre o tema da postura do magistrado frente à lei (regra) e ao ordenamento jurídico (princípios), Rafael de Asís cita os quatro modelos de magistrados apresentados por Guarnieri e Pederzoli, cuja classificação toma como referência a capacidade do magistrado de criar normas e sua autonomia política (Asís, 2005: 150). A partir dessa classificação, propõe o magistrado razoável, como sendo aquele que não se situa em nenhum dos extremos quanto à total ou nula capacidade criativa, o mesmo critério sendo válido quanto à sua autonomia em relação às regras legislativas frente aos princípios jurídicos. Do mesmo modo, Dworkin chama a atenção de que poderia ser superficial rotular os magistrados como conservadores ou liberais segundo decidam contra ou a favor de uma determinada tese jurídica, tomando-se em conta que essa categoria pode contemplar distintas dimensões, seja quanto aos conteúdos, seja quanto à adesão do magistrado à "letra fria" da lei (Dworkin, 1999: 428).

não pode contemplar", mas eu superei essa fase e hoje penso que a pessoa deve, qualquer que seja sua origem, sua condição social e tal, deve ter a proteção legal através do juiz. Acho que nós devemos criar a lei, fazer com que a lei venha a dar direitos, enfim, reconhecer os direitos (D.).[72]

Ainda sob a perspectiva jurídica de reconhecimento das uniões *gays*, deve-se referir que para outros entrevistados a questão é colocada particularmente sob a perspectiva do direito à não discriminação, previsto na Constituição Federal. O depoimento de dois entrevistados ilustra de forma exemplar essa perspectiva, sugerindo que sua postura deriva de suas concepções sobre qual o tratamento justo a ser dispensado a *gays* e lésbicas:

> É a obrigação nossa né? Obrigação da Justiça. E tem espaço, a gente pode aplicar os princípios gerais, pode aplicar toda a interpretação da norma. Como que tu vai deixar fora da lei esse tipo de situações que de fato existem e que não são expressamente proibidas em lei (C.)
>
> Eu sou um cara justo e aberto ao novo, e as pessoas justas têm que ser abertas ao novo, tem que ser sensíveis. Eu nunca tive preconceito contra o homossexual. Sou intolerante ao racismo, sou intolerante a quem discrimina o homossexual, as minhas intolerâncias chegam aí, até talvez eu estivesse errado em ser intolerante, tivesse que compreender isso, eu não sei, mas eu sou intolerante a isso. (F.)

No plano técnico-jurídico, o contraste entre as posições dos magistrados "pró" e "contra" demonstra o quanto a postura interpretativa pode servir de justificativa para excluir a *gays* e lésbicas do acesso à cidadania. Conforme salienta um entrevistado, o fato de o magistrado estar atuando na jurisdição de família deveria orientar a sua postura quanto à interpretação da norma jurídica *stricto sensu*: "Excluir é para o Direito Penal. Direito de Família tem que incluir" (C.).

Finalmente, deve-se estar atento ao fato de que enquanto a diferença na postura quanto à admissão das uniões *gays* pode suscitar

---

[72] A identificação do argumento da ausência de previsão legal como uma estratégia para não enfrentar a questão de fundo posta em Juízo à luz de princípios de direito fundamental é compartilhada por alguns juristas, como exemplifica Dallari: "É por esse caminho que os Tribunais de Justiça se reduzem a Tribunais de Legalidade e a magistratura perde a grandeza que lhe seria inerente se os juízes realmente dedicassem sua vida a promover justiça (...) Por um vício que se liga a anacronismos do ensino jurídico e que se agrava pela mentalidade dos juízes, é comum que os julgadores se preocupem quase que exclusivamente com os aspectos formais de suas decisões. São freqüentes as sentenças e os acórdãos recheados de citações eruditas, escritos em linguagem rebuscada e centrados na discussão de formalidades processuais, dando pouca ou nenhuma importância à questão da justiça das decisões" (Dallari, 2002: 97).

alguma dúvida quanto à existência ou não de uma carga de preconceito, dado que existe a aparente legitimidade de uma interpretação legalista, como salientam ambos os magistrados que se posicionam contrariamente ao reconhecimento das uniões *gays*, o mesmo não acontece quando a questão é levada ao seu limite, isto é, no momento em que se coloca a possibilidade de adoção de crianças por casais formados por *gays* ou lésbicas.

Nesse aspecto, a postura divergente entre os entrevistados, que antes poderia ser confundida com uma questão meramente técnica, revela-se uma diferença marcada por duas formas bastante distintas (porque distintas as categorias de pensamento) de visão da homossexualidade:

> Eu sou a favor, eu apenas analisaria, via psicólogos e assistentes sociais. Como é para os heterossexuais, trataria da mesma forma (F.).
> Já ouvi alguém dizer que seria um péssimo exemplo. Péssimo exemplo é um cara chegar em casa cheio de trago e encher a mulher de porrada, isso é um péssimo exemplo. Ver duas mulheres se acarinhando? Que bom que as pessoas estão se acarinhando (I.).

A efetiva aceitação (ou não) da homossexualidade parece ser a chave para a compreensão das diferentes posições frente ao tema, uma vez que as motivações dos magistrados extrapolam o aspecto técnico-jurídico e alcançam um enfrentamento baseado (inconscientemente) numa postura de aprovação ou reprovação moral da conduta sexual dos demandantes.

Outro magistrado, ao falar a respeito dessa questão, revela sua convicção de que a resistência ao reconhecimento das uniões *gays* por parte de alguns magistrados está relacionada a uma visão conservadora, cujo conceito de família estaria ainda vinculado à noção religiosa de casamento:

> É porque tem aquela visão da família para procriação, que vem do direito canônico. Quando hoje em dia até mesmo um casal homossexual pode ter um filho com reprodução assistida, por inseminação artificial. Até essa idéia já foi superada (A.).

Ao decidir se *gays* e lésbicas terão (ou não) assegurado seu acesso à cidadania, o magistrado decide "o valor do ato sexual, e indica sob que condições ele poderá ou não ser legítimo" (Foucault, 1998: 57). Quando vêem rejeitadas suas demandas por cidadania sexual, *gays* e lésbicas estão, de fato, sendo categorizados como sujeitos cujo estigma autoriza que sofram restrições em seus direitos por parte do Estado-juiz, adotando-se como justificativa (inconsciente) a reprovação moral de sua sexualidade (Goffman, 1988).

Há uma nítida vinculação entre a matéria examinada pelos magistrados (sexualidade) e sua histórica problematização pela Igreja Católica para a construção da moral religiosa, a qual se viu gradativamente incorporada nos textos legislativos seculares. Como descreve Weeks, reportando-se aos séculos XII e XIII, "teólogos e canonistas discutiam a vida sexual dos casais até o último detalhe, não simplesmente por um jogo intelectual, mas para produzir respostas detalhadas para questões práticas de moral" (Weeks, 2000: 32).

Essa estreita ligação entre a norma jurídica e os valores religiosos, mesmo em um país formalmente laico como o Brasil, não escapa à reflexão de alguns magistrados, conforme exemplifica um entrevistado, ao discorrer sobre as bancadas religiosas que atuam no Congresso Nacional no intuito de evitar a aprovação da lei que regulamentaria as uniões *gays*:

> Dentro daquela idéia de que a nossa religião tem que ser respeitada, eu posso entender, aceitar, mas eu sou completamente contrário, eu acho pernicioso isso aí, porque estão colaborando com o preconceito agindo assim. E, portanto, estão colaborando para que as pessoas humilhem os homossexuais e para que as pessoas os agridam fisicamente e para que as pessoas até mesmo os matem, os linchem e espanquem como tem se visto em várias partes do mundo. Então aí eles acabam colaborando para isto com a atuação deles. (H.)

No entanto, no caso brasileiro, constata-se que os princípios jurídicos assegurados na Constituição são suficientes para a afirmação da cidadania sexual, podendo-se, como consequência, apontar que a resistência, mais do que na norma legal, reside na interpretação dos magistrados.

Tomando-se em conta essa vinculação entre nossas representações acerca das condutas sexuais e a moral cristã, pode-se melhor compreender a carga moralista presente nos discursos dos magistrados. O fenômeno da "moralidade legal" é examinado por Hart: "os magistrados, quer no exercício da atividade jurisdicional, quer em pronunciamentos extrajudiciais, desprezaram a orientação prevalente [na jurisprudência inglesa], e admitiram a coerção da moralidade sexual como uma parte indispensável da atividade jurídica" (Hart, 1987: 35).

Essa dificuldade na interpretação parece estar ligada ao fato de que reconhecer judicialmente as uniões *gays* implica legitimar a homossexualidade afirmando seu caráter de "normalidade", o que constitui um ultraje à moral sexual cristã. A capacidade do Poder Judiciário exercer esse papel de legitimação (ou não) de determinadas condutas sexuais fica evidenciada por Bourdieu, quando trata da questão do poder simbólico das decisões judiciais:

> O veredicto do juiz, que resolve os conflitos ou as negociações a respeito de coisas ou de pessoas ao proclamar publicamente o que elas são na verdade, em última instância, pertence à classe dos *atos de nomeação* ou de *instituição* (...) são atos mágicos porque estão à altura de se fazer reconhecer universalmente, portanto de conseguir que ninguém possa recusar ou ignorar o ponto de vista, a visão, que eles impõem (Bourdieu, 2001: 236).

Essa percepção da importância do reconhecimento judicial das uniões *gays* é manifestada por um entrevistado, o qual salienta a necessidade de que o Poder Judiciário garanta a inserção social de *gays* e lésbicas, abstendo-se de emitir juízo de valor sobre sua sexualidade:

> Quanto é importante para as pessoas terem a sua regularidade jurídica, elas estarem inseridas de forma regular dentro da sociedade e que não sejam pautadas pela marginalidade. (...) Então, se a pessoa seguir as regras sociais para viver em sociedade ela tem direito de, no mais, agir de qualquer forma, desde que ela não prejudique ninguém. (C.)

Segundo assinala Hart, a convicção do magistrado quanto à inadequação da conduta homossexual pode estar vinculada às suas concepções morais particulares, de ordem moral subjetiva e não a uma restrição de ordem legal: "a convicção de que outros estão agindo erradamente pode revelar apenas que outros estão fazendo o que você não gostaria que fizessem" (Hart, 1987: 68).

Do exposto, entende-se que ao se recusar a acolher a demanda por cidadania formulada por *gays* e lésbicas, o magistrado (inconscientemente) compartilha a moral sexual cristã que condena a homossexualidade, considerando-a contra a natureza.

Essa recusa do magistrado traduz a negativa do Estado-juiz em reconhecer a legitimidade da conjugalidade *gay*, recusando-lhe visibilidade e negando sua existência na esfera pública. Assim agindo, os magistrados, mesmo quando se pensam contrários à discriminação sofrida por *gays* e lésbicas, são capazes de proferir decisões discriminatórias, reproduzindo o preconceito que genuinamente recriminam. Isso porque, conforme salienta Bourdieu, "a violência simbólica, como se sabe, não opera no plano das intenções conscientes" (Bourdieu, 1999: 74).

Considerar as normas relativas ao tema da sexualidade normas naturais ou, ao contrário, considerar que tais normas podem ser debatidas, pois são normas que resultam de uma construção social, interfere no modo como tais normas são interpretadas, estabelecendo uma diferente perspectiva quanto aos direitos fundamentais de *gays* e lésbicas.

Na ótica de Eric Fassin, o simples fato de que se possa questionar uma norma altera nossa relação com ela, contribuindo para democratizar a sociedade, pois:

> Em lugar de atuar de maneira inconsciente, agora estão explicitadas, e assim nossa relação com elas está menos determinada. Somos menos prisioneiros das normas, pois as vemos tal como são, é dizer, como convenções arbitrárias, discutíveis, negociáveis, questionáveis (Fassin, 2006).

Tomar consciência de que algumas decisões sobre conjugalidade *gay* estão informadas pela moral sexual cristã parece ser o primeiro passo para que o magistrado possa ser capaz de elaborar uma reflexão mais aprofundada a respeito do tema. A conscientização acerca desse condicionamento religioso é de grande importância, na medida em que os achados do presente estudo indicam que essa conscientização pode fazer a diferença em termos de como irá decidir o magistrado frente a uma demanda por cidadania sexual.

5. Considerações finais

A consideração das uniões *gays* a partir da perspectiva da afetividade implica, para a grande maioria dos entrevistados, ruptura com a concepção tradicional de família centrada nos laços biológicos e procriativos. Família, sob essa perspectiva, significa um relacionamento afetivo entre duas pessoas, o que justifica que tais assuntos sejam considerados de competência da Vara de Família – o que para a maioria dos magistrados entrevistados contempla a possibilidade de serem duas pessoas do mesmo sexo.

Assim, a definição de família dada pelos entrevistados, por ter como referência fundamental a *afetividade*, abre, em termos jurídicos, várias possibilidades. Conquanto alguns não admitam sua existência, os outros que o fazem abrem caminhos para o reconhecimento e afirmação da cidadania sexual de *gays* e lésbicas.

Os achados da pesquisa, por meio dos conteúdos das entrevistas, apontam para uma complexa relação entre a formação religiosa – e outros elementos da trajetória pessoal – e o modo como os magistrados posicionam-se frente a temas ligados à sexualidade, família e religião. É possível afirmar que essa complexidade desautoriza uma divisão simplista que colocasse de um lado aqueles que reconhecem as uniões *gays* por não possuírem qualquer pertencimento religioso e de outro aqueles que não reconhecem tais direitos por força de suas convicções religiosas.

De fato, consoante Claudio Martelli, tal divisão não seria a mais adequada ao exame das questões pertinentes à laicidade:

> Fala-se comumente de leigos e católicos, em crentes e não-crentes, como se se tratasse sempre de entidades sempre separadas e opostas, como de nações ou etnias culturalmente separadas e alheias, estrangeiras, intoleráveis uma em relação à outra. Permito-me observar que as coisas não deveriam ser assim e, felizmente, assim não foram e não têm sido muitas vezes (Martelli, 2008: 127).

Nessa perspectiva, os achados do estudo sinalizam que é a desvinculação que os magistrados estabelecem entre a esfera pública e a esfera privada (que no caso da maioria dos entrevistados é facilitada pelo fato de não estarem vinculados a uma moral sexual religiosa) que garante o reconhecimento das demandas referentes à cidadania de *gays* e lésbicas.

Por outro lado, conforme se viu no decorrer da análise das entrevistas, é preciso ainda aprofundar os estudos no que diz respeito à posição de alguns magistrados que, embora decidindo contrariamente à orientação de sua Igreja, não necessariamente se afastam de suas próprias convicções religiosas. Ao aceitarem a homossexualidade e reconhecerem as uniões *gays*, o fazem por considerar um "ato de amor cristão".

Tal postura, porque harmoniza suas convicções religiosas com sua forma de julgar, não autoriza que, desde logo, se considere plenamente laica, no sentido de que tenha de fato havido uma separação íntima relativamente à crença do indivíduo e a decisão do magistrado. Entretanto, mesmo nesses casos, percebe-se que o fato de o magistrado atuar de forma independente da orientação de sua Igreja traduz-se em alguma medida de laicidade.

Constatada a preponderância de uma compreensão acolhedora da homossexualidade, relativamente à possibilidade de que *gays* e lésbicas possam constituir famílias, é preciso enfatizar que não há uma unanimidade favorável à demanda dos casais *gays*. A fragilidade da posição majoritária no TJRS ficou manifesta na recente (11/09/2008) decisão que rejeitou (por maioria) o primeiro pedido de casamento *gay*[73] levado a julgamento em um Tribunal brasileiro, sob a seguinte ementa:

> O sistema legal brasileiro, em particular o Código Civil, não prevê e nem autoriza interpretação no sentido da possibilidade do casamento entre pessoas do mesmo

---

[73] No Brasil, nunca havia sido proposta uma ação judicial postulando a habilitação para o casamento entre duas pessoas do mesmo sexo. Essa foi a primeira iniciativa, por meio de Gustavo Bernardes, advogado e conhecido militante *gay* que, atuando em causa própria, postulou o direito de se casar perante o registro civil. A iniciativa tramitou junto à Vara dos Registros Públicos de Porto Alegre, culminando com uma sentença de improcedência do pedido. Na decisão, o magistrado destacou a legislação civil que estabelece a diferença entre os sexos dos nubentes, estabelecendo que o casamento é entre um homem e uma mulher. No recurso, o advogado salientou que a sentença do primeiro grau não havia aplicado os princípios constitucionais inerentes ao caso, notadamente, o princípio da dignidade da pessoa humana e da não discriminação.

sexo. Ao contrário, os artigos 1.514, 1.517 e 1565, do Código Civil, exigem que o casamento se realize entre homem e mulher. Assim, o casamento entre pessoas do mesmo sexo não encontra amparo na legislação vigente no nosso país.[74]

Essa interpretação traduz um retrocesso em relação ao entendimento preponderante no TJRS, uma vez que em outros julgamentos os argumentos de inexistência de previsão legal e expressa referência a "homem e mulher" na legislação já haviam sido rejeitados em decisões que asseguraram o reconhecimento judicial das uniões *gays*. Contudo, a questão técnico-jurídica pode não ter sido o ponto central do julgamento, conforme expressamente manifestado pelos magistrados que rechaçaram a possibilidade do casamento *gay*:

> Apesar dos avanços dos costumes e das tradições da nossa sociedade, não se vê prática e sentimento médio da população no sentido de compreender e aceitar o casamento solene e legal entre pessoas do mesmo sexo (Relator).
> Tudo é fruto de um amadurecimento, de um debate, de uma vivência e chega-se então a uma decisão. E a lei e as decisões judiciais só se justificam não pelo pioneirismo, não por ser a primeira vez que assim se decide, mas quando calcadas no consenso dos cidadãos. Então, justamente, por não ser ainda conseqüência deste consenso, deste amadurecimento, deste caminhar tão necessário para que as nossas decisões, efetivamente, representem algo de concreto e o pensamento e o sentir da população é que eu, entre autorizar e não autorizar o casamento, fico na companhia do eminente Relator (Revisor).

O julgamento não poderia ter sido mais fiel à doutrina católica sobre o tema da conjugalidade *gay*. De fato, essa decisão vem reforçar tudo quanto foi afirmado no presente estudo, mostrando o quanto os magistrados – ao se fixarem na moral sexual cristã – contribuem, mesmo que inconscientemente, para preservar um consenso homofóbico, reproduzindo a discriminação por motivo de orientação sexual.

Quando a questão é enfrentar o reconhecimento das uniões *gays*, os magistrados têm admitido a analogia entre a união heterossexual e a união *gay*. Agora, para o casamento gay, deixaram de aplicar a analogia, voltando-se para os costumes – tomando-os como os "costumes da maioria". Preserva, assim, direitos exclusivos dos casais heterossexuais.

Condicionar o reconhecimento da cidadania de *gays* e lésbicas a um consenso de uma maioria sexual ou religiosa representa negar

---

[74] TJRS, Oitava Câmara Cível, Apelação Cível n° 70025659723, julgado em 11 de setembro de 2008.

sua igual liberdade de viverem suas vidas com autonomia. Submeter o reconhecimento da cidadania sexual de alguém ao consenso da maioria, significa outorgar a essa maioria o poder de determinar o modo como essa pessoa deverá viver sua vida sexual (Lopes, 2007: 70).

Esse julgamento reflete os achados do presente estudo e reforça o entendimento de que a postura do TJRS, legitimadora das uniões *gays*, não pode ser considerada como definitiva, visto que não apenas a composição dos membros das Câmaras de Família está sujeita a constante renovação, como também a própria postura dos magistrados pode se modificar. Isso porque – nessa primeira decisão sobre o tema – aqueles magistrados que haviam reconhecido (para *gays* e lésbicas) o direito à igualdade e não discriminação quando se tratava de uniões *gays*, recuaram em suas convicções acerca da dignidade do casal *gay*, deixando de aplicar os mesmos princípios jurídicos frente a um pedido de casamento civil.

Dado que os argumentos jurídicos apresentados contrariamente ao casamento *gay* foram os mesmos já superados pelo TJRS no que diz respeito às uniões *gays*, conclui-se que a negativa dos magistrados em legitimar o casamento *gay* não foi de ordem técnico-jurídica.

Repetindo o que acontece nas decisões relativas às uniões *gays*, o argumento legalista (utilizado para negar o pedido de casamento *gay*) parece ocultar a dificuldade dos magistrados em superar concepções internalizadas do que seja uma família. Portanto, retomar as conquistas alcançadas através das decisões pioneiras em matéria de cidadania sexual será decorrência da retomada da laicidade nas decisões. Laicidade esta que não decorre do fato de o magistrado ser ou não religioso, mas de sua decisão estar ou não pautada por concepções religiosas acerca da sexualidade.

Dessa forma, as conclusões do estudo indicam para a importância de se fomentar uma reflexão sobre laicidade na formação dos profissionais da área do Direito, visando assegurar decisões laicas no âmbito do Poder Judiciário.

Referências bibliográficas

ADRAGÃO, Paulo Pulido. *A liberdade religiosa e o Estado*. Coimbra: Editora Almedina, 2002.

AIDS, Programa Nacional de DST e. Nota de Esclarecimento, 27.11.2007. http://www.aids.gov.br/data/Pages/LUMISE77B47C8ITEMID58E73C96B3DD4A1 BA4152AFE36 D43D96PTBRIE.htm consultada em dezembro de 2007.

ALEXY, Robert. *Teoría de los Derechos Fundamentales*. Madrid: Centro de Estudios Políticos y Constitucionales, 2002.

ALMEIDA, Miguel Vale. *O Casamento entre pessoas do mesmo sexo. Sobre "gentes remotas e estranhas" numa "sociedade decente"*. In Conjugalidades, Parentalidades e Identidades Lésbicas, Gays e Travestis (Grossi, Uziel e Mello, orgs.) Rio de Janeiro, Garamond, 2007, p. 153-168.

AMERICAN ANTHROPOLOGICAL ASSOCIATION (AAA). (2004) *Statement on Marriage and the Family from the American Anthropological Association*. Disponibilizado no site http://www.aaanet.org/

——, APA 1991 *Empirical Studies on Lesbian and Gay Parenting*. Disponível em www.apa.org [acessado em 27-10-2004]

ARÁN, Márcia; CORRÊA, Marilena V. *Sexualidade e Política na Cultura Contemporânea: o Reconhecimento Social e Jurídico do Casal Homossexual*. PHYSIS: Revista de Saúde Coletiva, Rio de Janeiro, 14(2): 329-341, 2004.

ARENDT, Hannah *Reflections on Little Rock*, In (Andrew Sullivan) Same-sex Marriage, Pro & Con – A Reader. New York: Vintage Books, 2004, p. 145.

ASÍS, Rafael de. *El Juez y la motivación em el Derecho*. Madri: Dykinson, 2005.

BARROSO, Luís Roberto (org.); BARCELLOS, Ana Paula de. *O começo da história. A nova interpretação constitucional e o papel dos princípios no direito brasileiro*. In A nova interpretação constitucional . Ponderação, Direitos Fundamentais e Relações Privadas. Rio de Janeiro: Renovar, 2006, p. 327-378.

BELLAH, Robert N. *Civil Religion in America*, in: Daedalus, Journal of the American Academy of Arts and Sciences, 96 (1967), Boston, Massachusetts, p. 1-21. Disponível em: http://www.facstaff.bucknell.edu/mazur/courses/Documents/Bellah.html Acessado em maio de 2008.

BLANCARTE, Roberto (compilador) *Laicidad y Valores em um Estado Democrático*. México: El Colégio de México, 2000.

——. *Entre la Fe y el Poder. Política e Religión en México*. México: Grijalbo, 2004.

BLACKMORE, Susan. *The Meme Machine*. New York: Oxford University Press, 1999.

BORGES, Anselmo. Prefácio. In CATROGA, Fernando. *Entre Deuses e Césares. Secularização, Laicidade e Religião Civil*. Coimbra: Almedina, 2006.

BOURDIEU, Pierre. *A dominação masculina*. Rio de Janeiro: Bertrand Brasil, 1999.

——. *O poder simbólico*. Rio de Janeiro: Bertrand Brasil, 2001.

BUCKMAN, Robert. *Can we be good without God?* New York: prometheus books, 2002.

BOBBIO, Norberto. *A era dos Direitos*. Rio de Janeiro: Editora Campus, 1992.

BORRILLO, Daniel. O indivíduo homossexual, o casal de mesmo sexo e as famílias homoparentais: análise da realidade jurídica francesa no contexto internacional. Artigo publicado na Internet: http://www.mundojuridico.adv.br em 2005. Acesso: outubro/2006.

——. *Matrimônio entre pessoas do mesmo sexo e homoparentalidade; uma nova etapa da modernidade política e jurídica*. Conferência proferida no Fórum do Casamento entre pessoas do mesmo sexo, no Centro de Estudos de Antropologia Social – Associação ILGA Portugal. Disponibilizado no site http://pwp.netcabo.pt/0170871001/DanielBorrillo.pdf. Acesso: setembro/2006.

BORRILLO, Daniel. *Homofobia*. La Biblioteca del Ciudadano. Barcelona: Edicions Bellaterra, 2001.

BOSWELL, john Christianity. Social Tolerance, and Homosexuality. Gay People in *Western Europe From the Beginning of the Christian Era to the Fourteenth Century*. Chicago: The University of Chicago Press, 1981.

BOURDIEU, Pierre. *O Poder Simbólico*. Rio de Janeiro: Bertrand Brasil, 2001.

BRAUNER, Maria Cláudia Crespo. *O pluralismo no Direito de Família brasileiro: realidade social e reinvenção da família*. In (Belmiro Welter e Holf Madaleno, coord.) Direitos Fundamentais do Direito de Família. Porto Alegre: Livraria do Advogado, 2004, p. 255-278.

BRITO, Fernanda de A. *A união afetiva entre homossexuais e seu aspecto afetivo*. São Paulo: LTr, 2000.

CARSTEN, Janet (Org.) *Cultures of relatdness: new approaches to the study of kinship*. Cambridge: Cambridge University Press, 2000.

CARVALHO, Joaquim Ramos de. A jurisdição episcopal sobre leigos em matéria de pecados públicos: as visitas pastorais e o comportamento moral das populações portuguesas de Antigo Regime. Revista Portuguesa de História, Tomo XXIV, Coimbra, 1990, p. 121-163.

CATROGA, Fernando. *Entre Deuses e Césares. Secularização, Laicidade e Religião Civil*. Coimbra: Almedina, 2006.

CHIARI, Tatiana. Revista. *Vanguarda Gaúcha*. Veja (on-line) Edição 1 698 – 2 de maio de 2001 Disponível em http://veja.abril.com.br/020501/p_073.html Acesso em maio de 2008.

CHILETTO, Maria Claudia Cairo. *Uniões Homoafetivas. Uma nova concepção de família na perspectiva do Direito Civil-Constitucional*. Dissertação de Mestrado. Programa de Mestrado da Faculdade de Direito de Campos, Centro Universitário Fluminense da Fundação Cultural de Campos. Campos dos Goytacases, 2007. Disponível em http://www.fdc.br/Arquivos/Mestrado/Dissertacoes/Integra/MariaClaudiaCairo.pdf Acesso em maio de 2008.

COÊLHO, Tânia Marina de Azevedo Grandal. *Do Reconhecimento da Relação Homoafetiva Equiparada à União Estável no Direito Sucessório*. Dissertação de Mestrado.

Programa de Pós-graduação em Direito, Direito das Relações Sociais da Universidade Federal do Paraná, 2006. Disponível em: http://dspace.c3sl.ufpr.br:8080/dspace/bitstream/1884/7407/1/Tania%20Marina%20A.%20G.%20Coelho%20%28Disserta%c3%a7%c3%a3o%29.pdf Acesso em maio de 2008.

COMAROFF, John; COMAROFF, Jean. *Ethnography and the Historical Imagination*. Oxford: Westview Press, 1992.

CONCÍLIO DE TRENTO. (2006) Disponível em: http://www.montfort.org.br/index.php?secao=documentos&subsecao=concilios&artigo=trento&lang=bra Acesso em março de 2006.

CONVENÇÃO EUROPÉIA DE DIREITOS HUMANOS. Texto disponível em http://www.gddc.pt/direitos-humanos/textos-internacionais-dh/tidhregionais/conv-tratados-04-11-950-ets-5.html Acesso em julho de 2008.

CORRÊA, Mariza. *Repensando a Família Patriarcal Brasileira*. In Colcha de Retalhos, estudos sobre a família no Brasil. Campinas (1994). Editora da Unicamp, 1994, p. 15-42.

CRAPANZANO, Vincent. Serving the Word. Literalism in America, from the pulpit to the bench. New York: New Press, 2000.

DALLARI, Dalmo de Abreu. *O Poder dos Juízes*. São Paulo: Editora Saraiva, 2002.

DAWKINS, Richard. *Deus um delírio*. São Paulo, Companhia das Letras, 2007.

DENNETT, Daniel C. Quebrando o Encanto – A religião como fenômeno natural. São Paulo: Editora Globo, 2006.

DIAS, Maria Berenice. *Homoafetividade, o que diz a Justiça!* Porto Alegre, Livraria do Advogado, 2003.

DINIZ, Debora; BUGLIONE, Samantha; RIOS, Roger Raupp. *Entre a Dúvida e o Dogma. Liberdade de Cátedra e Universidades Confessionais no Brasil*. Brasília: Letras Livres; Porto Alegre: Livraria do Advogado, 2006.

DORTIER, Jean-François. *Histoire e diversité des formes familiales*. In (Jean-Frnaçois Dortier, coord.) Familles. Paris: Sciences Humaines Éditions, 2002, p. 27-30.

DOUGLAS, Mary. Pureza e perigo: ensaio sobre as noções de poluição e tabu. São Paulo: Perspectiva, 1976.

DROPA, Romualdo Flávio. Direitos fundamentais, homossexualidade e uniões homoafetivas . Jus Navigandi, Teresina, ano 8, n. 341, 13 jun. 2004. Disponível em: <http://jus2.uol.com.br/doutrina/texto.asp?id=5229>. Acesso em maio 2008.

DWORKIN, Ronald. *O Império do Direito*. São Paulo: Martins Fontes, 1999.

DUMONT, Louis. O individualismo: uma perspectiva antropológica da sociedade moderna. Rio de Janeiro : Rocco, 1993.

———. *Introducción a dos teorias de antropologia social*. Editorial Angrama, Barcelona, 1975.

DURKHEIM, Emile. *As formas elementares de vida religiosa*. São Paulo: Ed. Paulinas, 1989.

EHRMAN, Bart D. O que Jesus disse? O que Jesus não disse? Quem mudou a bíblia e por quê? São Paulo: Prestígio, 2006.

EADIE, Jo. *The Essential Glossary – Sexuality*. London: Arnold, 2004.

ENGELS, Friedrich. *A origem da família, da propriedade privada e do Estado*. Bertrand Brasil, Rio de Janeiro, 2000.

EVANS, David T. Sexual Citizenship – The material Construction of Sexualities. London/New York: Routledge, 1993.
ERIBON, Didier. *Papiers d'Identité*. Paris: Fayard, 2000.
ESTATUDO DAS FAMÍLIAS. Projeto de lei n° 2285/2007. Belor Horizonte: Magister-IBDFAM, 2007.
EVANS, David T. (1993) Sexual Citizenship – The material Construction of Sexualities. Routledge, London/New York.
FASSIN, Éric (org.) Au-delá du PaCS. L'expertise familiale à l'éprouve de l'homosssexualité. Paris : Presses Universitaires de France, 1999.
FASSIN, Eric. Sociological question. *An epilogue to More or Less Together* In: WAALDIJK, (Org.) More or less together. Levels of legal consequences of marriage, cohabitation and registered partnerships for different-sex ans sam-sex partners. A comparative study of mine European conutries. Paris: INED, 2004.
FASSIN, Eric. La democracia aplicada al gênerp y a la sexualidad. Entrevista pulbicada em Letra S: Salud, Sexualidad, Sida. Número 119, junho de 2006. Disponível em http://www.jornada.unam.mx/2006/06/01/ls-democracia.html Acesso em julho de 2008.
FÉ, Congregação para a doutrina da. Algumas reflexões acerca da resposta a propostas legislativas sobre a não-discriminação das pessoas homossexuais. Petrópolis, Sedoc v. 25, n. 235, p. 272-276, Nov/Dez, 1992.
——. Considerações sobre os projetos de reconhecimento legal das uniões entre pessoas homossexuais. São Paulo: Paulinas, 2003.
FERREIRA, Aurélio Buarque de Holanda *Novo Dicionário da Língua Portuguesa*. Rio de Janeiro: Editora Nova Fronteira, 1986.
FISCHER, Rosa Maria Bueno. *A análise do discurso: para além de palavras e coisas*. Educação & Realidade – V. 1, n. 1 (fev. 1976) Porto Alegre, Universidade Federal do Rio Grande do Sul, Faculdade de Educação, p. 18-37.
FOUCAULT, Michel. *História da Sexualidade 2. O uso dos prazeres*. Rio de Janeiro: Graal, 1998.
GAGNON, John H. *Uma interpretação do desejo*. Ensaios sobre o estudo da sexualidade. Garamond, Rio de Janeiro, 2006.
GOFFMAN, Erving. *Estigma – Notas sobre a Manipulação da Identidade Deteriorada*. Rio de Janeiro: LTC, 1988.
GOLIN, Célio *et all* (orgs.). *A Justiça e os Direitos de Gays e Lésbicas* – Jurisprudência Comentada. Porto Alegre: Editora Sulina, 2003.
GOLOMBOK, Susan; TASKER, Fiona. (1996) *Do parents influence the sexual orientation of their children? Findings from a longitudinal study of lesbian families*. Development Psycology, v. 32, n. 1, 1996, p. 3-11. Disponível em: http://www.france.qrd.org/assocs/apgl/ Acesso em outubro de2004.
GROSS, Martine (org.). *Homoparentalités, état des lieux*. Ramoville Saint-Agne : Éditions Érès, 2005.
GROSSI, Miriam Pilar. *Gênero e parentesco: famílias gays e lésbicas no Brasil*. Cadernos Pagu, Campinas: IFICH/Unicamp, n. 21, p. 261-280, 2003.
GUTIÉRREZ, Alejandro Torres. *El Derecho a contraer matrimonio (art. 12 CEDH)*. IN La, Europa de los Derechos, Roca, Javier García e Santolaya, Pablo (coods.), Madri: Centro de Estudos Políticos y Constitucionales, 2005.
HARRIS, Sam. *Carta a uma nação cristã*. São Paulo: Companhia das Letras, 2007.

HART, H.L.A. *Direito, Liberdade, Moralidade*. Porto Alegre: Fabris, 1987.
HEILBORN, Maria Luiza et all. *Sexualidade e Ethos Religioso*. Garamond, Rio de Janeiro, 2006.
―― (org.). *Família e Sexualidade*. Rio de Janeiro: Ed. FGV, 2004.
HÉRITIER, Françoise. *A coxa de Júpiter. Reflexões sobre os novos modos de procriação*. Revista Estudos Feministas, ano 8, vol. 1, 2000, p. 99-114.
HERVIEU-LÉGER, Danièle. *Croire enm modernité : au-delà de la problématique dês champs religieux et politiques*. In : Patrick MICHEL (org.) Religion et Démocratie. Nouveaux enjeux, nouvelles approches. Paris: Albin Michel, 1997, p. 362-364.
HERVIEU-LÉGER, Danièle. *Preface*. In Martine GROSS. L'Homoparentalité. Paris : Presses Universitaire de France, 2003, pp :5-8.
HORTAL, Jesús *Código de Direito Canônico*. São Paulo: Edições Loyola, 2005.
http://64.233.161.104/search?q=cache:WAeHcbHjvuYJ:www.veritatis.com.br/_agnusdei/trento.htm+conc%C3%ADlio+de+trento&hl=pt-BR&gl=br&ct=clnk&cd=5 Acesso em maio de 2006.
JOYCE, G. H. *Christian Marriage* (2nd edn), Seed and Ward, London, 1948.
KENNEDY, John F. Address of Senator John F. Kennedy to the Greater Houston Ministerial Association, Rice Hotel, Houston, Texas, September, 12, 1960. http://www.jfklibrary.org/Historical+Resources/Archives/Reference+Desk/Speeches/JFK/JFK+Pre-Pres/Address+of+Senator+John+F.+Kennedy+to+the+Greater+Houston+Ministerial+Association.htm Acesso em outubro de 2007.
KOLLMAN, Kelly. *Same-sex Unions: The Globalization of an Idea*. Texto disponível em: http://www.istr.org/conferences/toronto/workingpapers/kollman.kelly.pdf. Acesso em maio de 2006.
KOTULSKI, Davina. *Why you should give a damn about gay marriage*. Los Angeles: Advocate Books, 2004.
KURTZ, Paul (ed.). *Science and Religion. Are they compatible?* New York: Prometheus Books, 2003.
LABURTHE-TOLRA, Philipe; WARNIER, Jean-Pierre. *Etnologia Antropologia*, Editora Vozes, Petrópolis, 1999.
LALLEMAND, Suzanne. *Familles Recomposées: la loi et non l'exception*. In (Jean-François Dortier, coord.) Familles, Paris: Sciences Humaines Éditions, 2002, p. 11-17.
LARA, Silvia Hunold. *Ordenações Filipinas, Livro V*. Companhia das Letras, São Paulo, 1999.
LEERS, Bernardino; TRASFERETTI, José. *Homossexuais e Ética Cristã*. Campinas: Editora Átomo, 2002.
LEIVAS, Paulo Gilberto Cogo. (2003) *O direito ao reconhecimento de gays e lésbicas*. In Célio GOLIN, Fernando Altair POCALY e Roger Raupp RIOS (Orgs.) *A Justiça e os Direitos de Gays e Lésbicas – Jurisprudência Comentada*. Porto Alegre, Editora Sulina, p. 111-115.
LÉVI-STRAUSS, Claude. *A família*. In Harry L. Shapiro. *Homem, Cultura e Sociedade*, Ed. Fundo de Cultura, São Paulo, 1956, p. 264-333.
――. *O pensamento selvagem*. Campinas : Papirus, 1997.
LOPES, José Reinaldo de Lima. *O direito ao reconhecimento de gays e lésbicas*. In (Célio Golin et all – org.) A Justiça e os Direitos de Gays e Lésbicas – Jurisprudência comentada. Porto Alegre: Editora Sulina, 2003.

———. *Liberdade e Direitos Sexuais: o problema a partir da moral moderna*. In Roger Rios (org.) Em Defesa dos Direitos Sexuais. Porto Alegre: Livraria do Advogado, 2007, p. 41-72.

LORDELLO, Josette Magalhães. A secularização do casamento no Brasil do século XIX. Entre o Reino de Deus e o Reino dos Homens. Brasília: Editora UnB, 2002.

LOREA, Roberto Arriada. *O Controle Religioso do Poder Judiciário*. Trabalho apresentado no I Congresso de Direito de Família do Mercosul, realizado em Porto Alegre, 2004. Texto que se encontra disponibilizado no site: www.ibdfam.com.br

———. Por um Poder Judiciário laico. O significado do uso do crucifixo no plenário do Supremo Tribunal Federal. In CORPUS, *Cadernos do NUPACS/UFRGS*, nº 13/04, Porto Alegre, 2004.

———. *O amor de Pedro por João à luz do Direito de Família. Reflexões sobre o "casamento gay"*. Revista Brasileira de Direito de Família, ano VIII, nº 31, agosto-setembro de 2005, p. 31-38.

———. *Homoparentalidade por adoção no Direito brasileiro*. Revista do Juizado da Infância e Juventude, ano III, nº 5, 2005, p. 37-44. Versão eletrônica disponível em http://jij.tj.rs.gov.br/jij_site/jij_site.home

———. *Acesso ao aborto e liberdades laicas*. Horizontes Antropológicos, Porto Alegre, ano 12, n. 26, p. 185-201, jul/dez2006.

MARIZ, Cecília Loreto. *Secularização e dessecularização: comentários a um texto de Peter Berger*. In *Religião e Sociedade*. Rio de Janeiro, 2001, vol.21. n.1, p. 9-23.

MARTELLI, Claudio. *O credo laico do humanismo cristão*. In No que crêem os que não crêem. ECO, Umberto e MARTINI, Carlo Maria. Rio de Janeiro: Record, 2008, p. 127-141.

MATOS Ana Carla Harmatiuk. União entre pessoas do mesmo sexo – aspectos jurídicos e sociais. Del Rey: Beleo Horizonte, 2004.

MATSUUARA, Lilian. União homossexual. Inclusão de companheiro no plano de saúde gera polêmica (11.04.2006). Disponível em http://conjur.estadao.com.br/static/text/43479,1 Acesso em maio de 2008

MELLO, Luiz. Outras famílias: a construção social da conjugalidade homossexual no Brasil. Cad. Pagu, Jan./June 2005, no.24, p. 197-225.

———. Novas Famílias. *Conjugalidade homossexual no Brasil contemporâneo*. Rio de Janeiro: Garamond, 2005.

MILOT, Micheline. *La laïcité*. Montreal: Novalis, 2008.

MOHR, Richard D. The Long Arc of Justice – Lesbian and Gay Marriage, Equality, and Rights. New York: Columbia University Press, 2005.

MORAES, Alexandre de. *Direitos Humanos Fundamentais*. São Paulo: Editora Atlas, 2006.

MUJICA, Jaris. *Economia Política del Cuerpo. La reestruturaciín de los grupos conservadores y el biopoder*. Lima: Centro de Promoción y Defensa de los Derechos Sexuales y Reproductivos, Promsex, 2007

NAHAS, Luciana Faísca. *União Homossexual. Proteção Constitucional*. Curitiba: Juruá, 2006

NETO, Jayme Weingartner. *Liberdade Religiosa na Constituição*. Porto Alegre: Livraria do Advogado, 2007.

NOVAES, Ane Carolina. A função notarial e as uniões homoafetivas . Jus Navigandi, Teresina, ano 9, n. 680, 16 maio 2005. Disponível em: http://jus2.uol.com.br/doutrina/texto.asp?id=6732 . Acesso em maio 2008.

NUSSBAUM, Martha. *Women and Human Development – The Capabilities Approach.* New York: Cambridge University Press, 2000.

——. *Sex and Social Justice.* Oxford University Press, New York, 1999.

OLIVEIRA, Rosa Maria Rodrigues de. Isto é contra a natureza..."Acórdãos judiciais e entrevistas com magistrados sobre conjugalidades homoeróticas em quatro estados brasileiros". In Conjugalidades, Parentalidades e identidades lésbicas, gays e travestis. Miriam Grossi, Anna Paula Uziel e Luiz Mello (orgs.). Rio de Janeiro: Garamond, 2007, p. 131-152.

PALOMINO, Marco Huaco. Derecho de la Religíon. El principio y derecho de libertad religiosa em el ordenamiento jurídico peruano. Lima: Fondo Editorial de la UNMSM, 2005.

PATERSON, Charlotte J. *Résultats des Recherches concernant l'homoparentalité.* Université de Virginie/APA, 1996. Disponível em www.france.qdr.org. Acesso em setembro de 2004.

PECHENY, Mario. *Ciudadanía e minorías sexuales.* Disponibilizado em www.libertadeslaicas.org.mx (*artículos – derechos sexuales e reproductivos*). Acesso em maio de 2006.

PEREIRA, Jane Reis Gonçalves. *Interpretação Constitucional e Direitos Fundamentais.* Rio de Janeiro: Renovar, 2006.

PEREIRA, Rodrigo da Cunha. *Uniões de pessoas do mesmo sexo – reflexões éticas e jurídicas.* In Revista da Faculdade de Direito da UFPR, v. 31, p. 147-154.

PÉREZ-LUÑO, Antonio-Enrique. *¿Civerciudadaní@ o ciudadaní@.com?.* Barcelona, 2003, Gedisa Editorial.

PERES, Ana Paula Ariston Barion. *A adoção por homossexuais.* Fronteiras da família na pós-modernidade. Rio de Janeiro: Renovar, 2006.

PHILLIPS, Kevin. *American Theocracy.* London: Penguin Books, 2007.

PORTANOVA, Rui. *Motivações ideológicas da sentença.* Porto Alegre: Livraria do Advogado, 1992.

POSNER, Eric A. *Law and Social Norms.* Cambridge, MA: Harvard University Press, 2002, p. 84.

PRIETO, Vicente. *Relaciones Iglesia-Estado. La perspectiva del Derecho Canônico.* Salamanca: Publicaciones Universidad Pontificia de Salamanca, 2005.

PRIORE, Mary Del. *As atitudes da Igreja em face da mulher no Brasil Colônia.* In Maria Luiza MARCILIO (org.) Família, Mulher, Sexualidade e Igreja na História do Brasil. São Paulo, Edições Loyola, 1993, p. 171-190.

RIOS, Roger Raupp. *A homossexualidade no Direito.* Porto Alegre: Editora Sulina, 2001.

——. *Homossexualidade e a discriminação por orientação sexual no Direito Brasileiro,* in Cláudia FONSECA; Veriano TERTO Jr.; Caleb Farias ALVES (Orgs.) Antropologia, Diversidade e Direitos Humanos, Porto Alegre, Editora UFRGS, 2004 , p. 143-174.

——. *O princípio da igualdade e a Discriminação por Orientação sexual.* A homossexualidade no Direito Brasileiro e Norte-Americano. Porto Alegre: Editora Revista dos Tribunais, 2002.

――――. *Dignidade da pessoa humana, homossexualidade e família: reflexões sobre uniões entre pessoas do mesmo sexo.* In: Judith MARTINS-COSTA (org.) (2002) A Reconstrução do Direito Privado. São Paulo: Editora

ROARO, Ester Martinez *Sexualidad, derecho y cristianismo.* México: Instituto Cultural de Aguascalientes, 1998.

SANTOS, Flavio Augusto de Oliveira. *Jurisprudência Comentada.* Revista Jurídica Cesumar – v. 4, n° 1 – 2004. Diposnível em: http://www.cesumar.br/pesquisa/periodicos/index.php/revjuridica/article/viewPDFInterstitial/382/436 Acesso em maio de 2008.

SARLET, Ingo Wolfgang. *A eficácia dos Direitos Fundamentais.* Porto Alegre: Livraria do Advogado, 2003.

SARMENTO, Daniel. *Livres e Iguais – Estudos de Direito Constitucional.* Rio de Janeiro: Lúmen Juris, 2006.

SHCERER, Odilo. *A Igreja no Estado laico,* publicado na versão impressa do jornal O Estado de São Paulo, em 13/10/2007, disponível na versão eletrônica em http://www.estadao.com.br/estadaodehoje/20071013/not_imp64415,0.php Acesso em janeiro de 2008.

SILVA, De Plácido e. *Vocabulário Jurídico, Volume I.* Rio de Janeiro: Forense, 1993.

SILVA JÚNIOR, Enézio de Deus. *A possibilidade Jurídica de Adoção por Casais Homossexuais.* Júrua: Curitiba, 2006.

SORIANO, Aldir Guedes. Liberdade Religiosa no Direito Constitucional e Internacional. São Paulo: Juarez de Oliveira, 2002.

SUDATTI, Ariani Bueno. *Raciocínio Jurídico e Nova Retórica.* São Paulo: Quatier Latin, 2003.

SULLIVAN, Andrew. *Same-sex marriage Pro & Com – A reader.* New York: Vintage Books, 2004.

TERRA (*site*) http://noticias.terra.com.br/eleicoes2006/interna/0,,OI1177526-EI6676,00.html Acesso em outubro de 2006.

THERBORN, Göran. *Sexo e Poder. A família no mundo, 1900-2000.* São Paulo: Editora Contexto, 2006.

TJRS, Tribunal de Justiça do Rio Grande do Sul. *Embargos Infringentes n° 70011120573,* IV Grupo Cível do Tribunal de Justiça do Rio Grande do Sul, julgado em 10/06/2005. Disponível em www.tj.rs.gov.br através de busca no link *jurisprudência.*

――――. *Manual de Linguagem Jurídico-Judiciária,* 5ª edição, Porto Alegre: Departamento de Artes Gráficas do Tribunal de Justiça do Rio Grande do Sul, 2005.

UOL. País tem mais de 200 casos de união de homossexuais. Disponível em http://noticias.uol.com.br/ultnot/2008/04/01/ult4469u22279.jhtm Acesso em maio de 2008.

UZIEL, Anna Paula; MELLO, Luiz; GROSSI, Miriam *Dossiê Conjugalidades e Parentalidades de gays, lésbicas e transgêneros no Brasil.* Revista Estudo Feministas, Vol. 14, n. 2 (maio-setembro), Florianópolis, 2006.

UZIEL, Anna Paula. *Homossexualidade e adoção.* Rio de Janeiro: Garamond, 2007.

VENTURA, Miriam. *Transexualidade: Algumas reflexões jurídicas sobre a autonomia corporal e autodeterminação da identidade sexual.* In Roger Raupp Rios (Org.). Em defesa dos Direitos Sexuais, Livraria do Advogado: Porto Alegre, 2007, p. 141-167.

VIANA, Rui Geraldo Camargo. *Evolução Histórica da Família Brasileira*. In *A Família na Travessia do Milênio. Anais do II Congresso Brasileiro de Direito de Família*. Belo Horizonte, União OAB-MG, IBDFAM, 2000, p. 325-331.

WEEKS, Jeffrey. *Sexuality*. Routledge, London New York, 2000.

WELTER, Belmiro Pedro. *A secularização do Direito de Família*. In (Belmiro Welter e Holf Madaleno, coord.) Direitos Fundamentais do Direito de Família. Porto Alegre: Livraria do Advogado, 2004, p. 87-102.

WESTON, Kath. *Families we choose: lesbians, gays, kinship*. New York: Columbia University Press, 1991.

WOLFSON, Evan. Why marriage matters – America, Equality, and Gay People's Right to Marry. New York: Simon & Schuster Paperbacks, 2004.

ZAMBRANO, Elizabeth (Coord.). – *Filho de gay, gayzinho é?* Projeto Direito à Homoparentalidade. Instituto de Acesso à Justiça, IAJ. 2004. Conteúdo disponibilizado no site www.homoparentalidade.blogspot.com Acesso em junho de 2006.

—— *et al. O Direito à Homoparentalidade – cartilha sobre famílias constituídas por pais homossexuais.* Porto Alegre: Ed. Vênus, 2006.

ANEXOS

Termo de Consentimento Informado

A demanda por respostas jurídicas às questões envolvendo a parceria afetivo-sexual homossexual tem crescido nos últimos anos. São questões que vão desde o reconhecimento jurídico da união à adoção de crianças por casais homossexuais. Pouco se conhece, entretanto, sobre o que pensam os operadores do Direito a respeito destes temas, quais os valores que orientam suas decisões.

A presente pesquisa se propõe a investigar a perspectiva dos integrantes do Poder Judiciário no que concerne ao enfrentamento das questões ligadas aos Direitos Sexuais. Busca identificar as diferentes concepções presentes no pensamento jurídico do Rio Grande do Sul sobre este tema. Trata-se de um estudo acadêmico na área da antropologia que está sendo desenvolvido junto ao Programa de Pós-Graduação em Antropologia da Universidade Federal do Rio Grande do Sul, pelo doutorando Roberto Arriada Lorea, sob a orientação da professora Daniela Riva Knauth.

Assim, gostaríamos de lhe convidar para participar deste estudo. Sua participação consiste em uma entrevista sobre sua trajetória pessoal, acadêmica e dentro do Poder Judiciário, sobre as questões que já se deparou relacionadas com o tema e sobre o que pensas a respeito destas questões. Se permitir, esta entrevista será gravada. Será mantido sigilo em relação ao seu nome. Os dados serão divulgados de forma a não permitir a identificação dos participantes do estudo. Você pode, se assim desejar, retirar o seu consentimento em qualquer momento da realização da pesquisa ou mesmo se recusar a responder alguma questão que não considerar pertinente.

Para qualquer informação adicional sobre a pesquisa, sinta-se à vontade para contatar os pesquisadores responsáveis, através dos seguintes telefones: Roberto Lorea: (51) 9969-2129 ou Daniela Knauth (51) 3308-5461.

Porto Alegre, de 2007.

---

assinatura do entrevistado

Roteiro de Entrevistas

TRAJETÓRIA PESSOAL
1. Como se interessou pela magistratura?
2. Há quanto tempo está (esteve) na magistratura?
3. O exercício da magistratura correspondeu às suas expectativas?

ENFRENTAMENTO DA QUESTÃO
1. O que é uma família?
2. Já teve oportunidade de enfrentar o tema das uniões homossexuais?
3. Já teve oportunidade de atuar em alguma demanda que envolvesse a questão das uniões homossexuais, sem que houvesse conflito entre as partes?
4. Como vê a questão das uniões entre pessoas do mesmo sexo?
5. Quais as fontes que consultou para decidir?
6. Como vê a possibilidade de crianças serem adotadas por casais formados por duas pessoas do mesmo sexo?
7. Como vê a possibilidade de casamento entre pessoas do mesmo sexo?
8. Como vê a jurisprudência do TJRS?
9. Como vê a posição da Igreja acerca do tema?
10. Como agiria diante de um conflito entre o Direito a ser aplicado e suas convicções religiosas?
11. Outras considerações.

FORMAÇÃO E PRÁTICAS RELIGIOSAS
1. Os pais têm formação religiosa?
2. Você tem formação religiosa? Estudou em escola religiosa?
3. Frequentou alguma religião quando criança?
4. Frequentou alguma religião quando adolescente?
5. Frequenta alguma religião atualmente?
6. Seus filhos recebem educação religiosa?

RELAÇÕES ESTADO-IGREJA
1. Como vê a participação de instituições religiosas nas questões de Estado?

2. Acredita que as decisões do governo devem ser influenciadas por valores religiosos?
3. Como vê a presença de símbolos religiosos em espaços públicos?
4. Já enfrentou alguma causa cujo conteúdo dissesse respeito às suas convicções religiosas?
5. Como vê a criação de um órgão no Governo Federal para cuidar das relações entre Estado e Igreja?

Impressão:
Evangraf
Rua Waldomiro Schapke, 77 - P. Alegre, RS
Fone: (51) 3336.2466 - Fax: (51) 3336.0422
E-mail: evangraf.adm@terra.com.br